Kai Strittmatter
33 Fragen – 33 Antworten

CHINAS
NEUE
MACHT

W0193967

PIPER

Zu diesem Buch

Chinas kommunistische Partei erfindet zu Hause den autoritären Staat digital neu und marschiert gleichzeitig machtvoll in die Welt. Höchste Zeit, dass wir die neue Weltmacht besser verstehen. Dieser Band hat sich vorgenommen, zentrale Fragen zu China zu beantworten: wer die Chinesen sind, wie alt ihre Nation ist und ob sie wirklich alle gleich aussehen. (Nein.) Ob man China überhaupt eine Diktatur nennen darf. (Man muss.) Ob China die Welt erobert? (Nein. Aber die KP möchte sie nach ihrem Bilde gestalten.) Kai Strittmatter erklärt, weshalb Chinesisch die einfachste Sprache der Welt ist und warum wir am Ende nicht China, sondern uns selbst fürchten müssen.

Kai Strittmatter studierte Sinologie in China und Taiwan, später berichtete er vierzehn Jahre lang als Korrespondent der *Süddeutschen Zeitung* aus Peking. Er ist einer der bekanntesten China-Experten Deutschlands und Autor mehrerer Bücher über China und Hongkong. Kurz nach seiner Ausreise aus China Ende 2018 erschien bei Piper sein letztes Buch *Die Neuerfindung der Diktatur. Wie China den digitalen Überwachungsstaat aufbaut und uns damit herausfordert.*

Kai Strittmatter

33 Fragen – 33 Antworten

CHINAS NEUE MACHT

PIPER

Mehr über unsere Autoren und Bücher:
www.piper.de

Von der Reihe 33 Fragen – 33 Antworten liegen im Piper Verlag vor:
Chinas neue Macht
Klimawandel
Künstliche Intelligenz
Nahostkonflikt

MIX
Papier aus verantwor-
tungsvollen Quellen
FSC® C083411

Originalausgabe
ISBN 978-3-492-31618-7
April 2020
© Piper Verlag GmbH, München 2020
Umschlaggestaltung: Büro Jorge Schmidt, München
Satz: Uhl & Massopust, Aalen
Gesetzt aus der Quadraat
Druck und Bindung: CPI Books GmbH, Leck
Printed in the EU

Inhalt

Einleitung

Als ich vor mehr als drei Jahrzehnten begann, Chinesisch zu studieren, da galt: Wenn einer über China sprach, dann sprach er über China. Als ich vor mehr als zwei Jahrzehnten nach Peking zog, um dort als Korrespondent zu arbeiten, da galt: Wenn einer über China schrieb, dann schrieb er über China.

Heute ist das anders. Heute gilt: Wer über China spricht, der spricht immer auch über uns. Wer über China schreibt, der schreibt immer auch über uns. China ist an uns herangerückt, China sitzt in unserer Mitte, China schickt sich an, über unsere Zukunft mitzubestimmen.

Wichtig also, dass wir genau hinschauen: Was ist das eigentlich heute für ein Land?

Ist es das Land, das in der Kombination von Autokratie und Wirtschaftswunder eine Zauberformel gefunden hat? Verfechter dieser These deuten zum Beispiel auf den in Rekordzeit entstandenen neuen Riesenflughafen in Peking, stellen dem das Flughafendesaster in Berlin gegenüber und leiten daraus eine angeblich sagenhafte Effizienz des chinesischen Systems ab. Sie preisen es als das Modell, das uns zögerliche Demokratien im neuen Wettbewerb der Systeme schlagen und die Welt dominieren wird.

Oder ist es der Staat, dessen wahre Natur sich einmal mehr beim Ausbruch des Corona-Virus in der Stadt Wuhan offenbarte? Beherrscht von einer Kommunistischen Partei, die sich auszeichnet durch maßlose Kontrollsucht und Geheimniskrämerei. Ein Regime, das sich im Angesicht von Krisen reflexhaft erst einmal aufs Vertuschen verlegt und so gerade im kritischen Anfangsstadium die Ausbreitung der Seuche selbst noch beförderte. Ein System also, das schnell zum Risiko werden kann für sich selbst, für sein Volk, aber auch für die Welt?

China verwirrt. Die Kommunistische Partei (KP) hat den »Sozialismus mit chinesischen Besonderheiten erfunden«, das ist der mit den vielen Milliardären, dafür ohne Sozialisten. Nennt sich kommunistisch, diese Partei, und herrscht doch über ein Land, in dem die Ungleichheit mittlerweile weit größer ist als in den USA. Dieses Land hat eines der größten Wirtschaftswunder der jüngeren Geschichte vollbracht und ist doch gerade dabei, sich vor unseren Augen wieder in einen totalitären Staat zu verwandeln. Da entsteht eine digitale Diktatur, die die Welt so noch nicht gesehen hat und auf die sie doch vorbereitet sein muss.

Dazu soll dieser Band beitragen.

Tun sie gar nicht. Auch wenn westliche Medien immer wieder einen Bericht über die Schauspielerin Zhang Ziyi mit einem Foto von Fan Bingbing illustrieren und umgekehrt.

Gegenfrage: Warum eigentlich sehen die Europäer alle gleich aus? Im Ernst: Genau die Frage bekam ich einige Male zu hören während meiner Zeit in China. Und war dann ähnlich perplex, wie die Chinesen es sind, wenn man sie mit unserer Wahrnehmung konfrontiert.

Das Spannende ist, dass diese Wahrnehmung erst einmal nicht in Rassismus oder Faulheit wurzelt, sondern tatsächlich eine wissenschaftlich erforschte Basis hat. Und dass die hier wirksamen Mechanismen für sämtliche Rassen und Völker dieser Erde gelten.

Forscher ergründen das Phänomen schon seit über hundert Jahren, sie haben ihm den Namen Other-Race-Effect oder Cross-Race-Effect gegeben, für das sich in der Wissenschaft leider bislang keine deutsche Entsprechung eingebürgert hat. Es beschreibt die Tatsache, dass Mitglieder aller Rassen und Volksgruppen erst einmal Schwierigkeiten dabei haben, die Mitglieder anderer Volksgruppen als Individuen mit voneinander verschiedenen Merkmalen wahrzunehmen. Dabei ist diese Schwierigkeit nicht angeboren, sondern bildet sich erst heraus in dem Maße, in dem wir mehr oder weniger exklusiv unter Mitmenschen unserer eigenen Gruppe aufwachsen und dem Anblick andersartiger Gesichtszüge nicht ausgesetzt sind. Eine Studie von 2007 fand heraus, dass drei Monate alte

Babys offenbar noch in der Lage sind, verschiedene weiße, afrikanische oder chinesische Gesichter als jeweils individuell verschiedene Gesichter wahrzunehmen. Im Alter von neun Monaten dann erkannten sie unterschiedliche Gesichtszüge nur mehr bei Angehörigen ihrer eigenen Rasse.

Die gute Nachricht: Sowenig wie diese Blindheit angeboren ist, so wenig muss man sie auf alle Ewigkeit mit sich herumtragen. Wenn ein Deutscher längere Zeit in China oder aber ein Chinese längere Zeit in Deutschland lebt, dann trainiert er automatisch sein Unterscheidungsvermögen. Lehrreich an all den Studien ist vielleicht diese Erkenntnis: Was unsere Sinne unserem Gehirn melden, ist nicht unbedingt ein korrektes Abbild der Wirklichkeit – ein gesundes Misstrauen gegenüber der eigenen (ersten) Wahrnehmung ist grundsätzlich nicht das Schlechteste.

Wer sind die Chinesen?

Das Volk, das wir Chinesen nennen, nennt sich selbst *han zu*, Volk der Han, und seine Schriftzeichen *han zi*, Schrift der Han. Der letzten Volkszählung zufolge machen die Han knapp 92 Prozent der Bevölkerung von heute ungefähr 1,4 Milliarden Menschen aus. Es ist also die größte Volksgruppe der Welt. Die verbliebenen 8 Prozent teilen sich Minderheiten wie Tibeter, Uiguren, Mongolen, Mandschus, Hui-Muslime und fünfzig weitere offiziell anerkannte Ethnien.

Erste Zeugnisse chinesischer Kultur finden sich in der Shang-Dynastie, die vor mehr als dreitausend Jahren die Lössplateaus am Gelben Fluss besiedelte. Aber erst im Jahr 221 v. Chr. gelang es dem Qin-Kaiser Shi Huangdi, ein Reich mit einheitlicher Sprache und Verwaltung zu schaffen. Dieser erste Kaiser gilt den Chinesen bis heute als grausamer Tyrann, auch währte seine Dynastie nur kurz. Unser Wort »China« geht auf den Dynastienamen Qin zurück. Ausgesprochen wird Qin ein wenig so, als gehe ein »ts« einem »ch« (wie in »ich«) voraus, also: »ts-ch-in«. Das aber bedeutet für die in Deutschland gerne leidenschaftlich geführte Debatte, ob man nun korrekterweise »Kina« oder »Schina« oder aber ein weiches »China« sagt, am Ende ein Unentschieden: Keiner von uns spricht es wirklich richtig aus, also haben wir alle in gleichem Maße recht. Oder vielmehr unrecht.

Die Chinesen selbst zogen es vor, sich nach dem Herrscherhaus zu benennen, das die Qin ablöste, nämlich nach der Han-Dynastie (206 v. Chr. bis 220 n. Chr.). Der erste Kaiser dieser

Dynastie, der in der Folklore verewigte Liu Bang, begann seine Herrschaft als Regionalfürst in einer Gegend am Han-Fluss, nach dem seine Dynastie schließlich benannt wurde. Die Han-Dynastie war ein erstes Beispiel für erfolgreiche Expansion und imperiale Macht chinesischer Kaiserreiche, mit einer Ausstrahlung weit in andere Regionen Ost- und Südostasiens hinein, wahrscheinlich wählte das chinesische Volk deshalb den prestigeträchtigen Namen für sich selbst. Interessanterweise zogen und ziehen viele Südchinesen (Kantonesen oder Hakka etwa) den Namen einer anderen prächtigen Dynastie als Selbstbezeichnung vor: Sie nennen sich nicht *han ren*, sondern *tang ren*, Menschen der Tang-Dynastie; in vielen Chinatowns rund um die Welt findet man deshalb eine *tang ren jie*, eine Straße der Tang-Menschen. Der oft gehörte Begriff *zhong guo ren*, Menschen des Reiches der Mitte, bezeichnet keine Ethnie, sondern alle Bürger Chinas.

Die oft suggerierte ethnische Einheit der Han ist allerdings Fiktion, auch die Han sind Produkt eines Völkergemischs. Nach mehr als zwei Jahrtausenden von Kriegen, Kolonialisierungen und Invasionen tragen sie selbst längst Gene mongolischer, tibetischer, koreanischer oder turkstämmiger Völker – Völker, die die chinesische Kultur bereicherten, aber selbst oft schnell sinisiert wurden. Die kulturelle Vielfalt innerhalb der Han wird noch heute an den regionalen Dialekten sichtbar, die eigentlich eigene Sprachen sind und nur die Schrift gemeinsam haben.

Alt. Sehr alt. Aber fünftausend Jahre? Unermüdlich wieder-
holt die KP ihr Mantra von der 5000-jährigen Geschichte
Chinas. Noch als ich Student war an der Nordwest-Universi-
tät in Xi'an Mitte der 1980er-Jahre, da sprachen alle – Chinas
Wissenschaftler, Beamte und auch KP-Funktionäre – von der
3000-jährigen Geschichte des Landes. Das ist jetzt noch keine
zweitausend Jahre her. Und auch wenn die Archäologen des
Landes seither unermessliche Schätze freigelegt haben, so
sind darunter doch keine, die das Alter der chinesischen Zivilisation nachweislich verlängert hätten. Was sich allerdings
verändert hat seit meinen Studententagen, ist der nationalistische Furor, den die Partei dem Land verschrieben hat, und ihr
Ehrgeiz, den Rest der Welt zu übertrumpfen.

Das Wort für Archäologie im Chinesischen ist *kaogu*, die
Prüfung der Vergangenheit. Aber die erste Dynastie im chinesischen Herzland am Gelben Fluss, die dieser Prüfung stand-
hält, ist die der Shang, die wahrscheinlich um 1600 v. Chr.
gegründet wurde. Aus jener Zeit datieren die ersten Zeugnisse
der chinesischen Schrift, eingraviert in sogenannte Orakelknochen: Schildkrötenpanzer und Schulterblätter von Ochsen
sind das, die von den Schamanen der Shang ins Feuer gewor-
fen und dann entlang der durch die Hitze entstandenen Risse
für ihre Prophezeiungen interpretiert wurden. Wenn man die
Geschichte einer Zivilisation mit den ersten Zeugnissen ihrer
Schrift beginnen lässt, dann kommt man für China also auf
gesicherte dreitausendzweihundert Jahre, für die Ursprünge

des organisierten Staates bei den Shang kann man wohl noch einmal vierhundert Jahre drauflegen. Alles davor verschwindet im Nebel der Mythen, für die Existenz der angeblich den Shang vorangehenden ersten Dynastie der Xia gibt es bis heute keinerlei Belege. Und was die ersten Hochleistungen politischen und philosophischen Denkens angeht, liegen China, Europa und Indien ungefähr gleichauf: Konfuzius (551–479 v. Chr.) lebte ungefähr zur gleichen Zeit wie in Griechenland Pythagoras und Sokrates und in Indien Siddharta Gautama, der als der historische Buddha bekannt wurde.

Dreitausendzweihundert Jahre aber, das ist für eine Zivilisation schon verdammt alt, auch wenn es ein erstmals politisch geeintes China nicht vor 221 v. Chr. gab. Zumal sich tatsächlich über die Schrift auf den Orakelknochen eine erstaunlich kontinuierliche Linie bis zur Kultur der Jetztzeit ziehen lässt: Einige der Schriftzeichen von damals kann man als Chinesischkundiger noch heute erkennen. Genug Grund, um stolz zu sein, sollte man meinen. Wieso bloß besteht die KP dann seit ein paar Jahren auf der Zahl Fünftausend? Die meisten Beobachter tippen auf Altersneid: Die ersten bekannten Schriftzeugnisse der Hochkulturen Mesopotamiens und Ägyptens sind beide älter als die Chinas, nämlich tatsächlich mehr als fünftausend Jahre alt. Und Ägypten gibt es, wenn auch nicht als kontinuierlich existierende Hochkultur, so doch als Staatswesen, zumindest dem Namen nach ebenfalls noch heute. Das China der KP aber möchte sich nicht mehr übertrumpfen lassen, von niemandem.

Chinesen leben, denken, fühlen chinesisch. So wie Deutsche deutsch denken, handeln und fühlen. Klar, oder? Was aber heißt das in unserer sich rasant wandelnden Welt, das »Deutschsein« und das »Chinesischsein«? Was heißt es vor allem im Verhältnis zur eigenen Vergangenheit auf der einen Seite und im Verhältnis zur heutigen Welt auf der anderen? Konkret: Wie viel hat das heutige China noch gemein mit dem China der Kaiserreiche? Und wie sehr ähnelt es mittlerweile der Welt da draußen?

Wahrscheinlich kann man guten Gewissens argumentieren, dass die Chinesen von heute mindestens so viel mit uns im Westen gemein haben wie mit ihren Vorfahren. Dass das heutige China mindestens so viel dem Westen verdankt wie dem alten China: Kommunismus, Kapitalismus, Entertainment, Musik, Kleidung, Städtebau, Wissenschaft und Technik. Und vieles von dem, was China heute stark von uns unterscheidet – Familien- und Clanstrukturen zum Beispiel –, ist weniger den chinesischen Genen geschuldet als vielmehr der Tatsache, dass das Land eben erst der bäuerlichen Gesellschaft entwachsen ist.

Und so tragen Chinesen heute westliche Kleidung und westliche Frisuren, sie planen ihr Jahr und ihre Woche nach dem gregorianischen Kalender, sie trauen der westlichen Medizin mehr als der chinesischen, viele hören lieber europäische Klassik als Peking-Oper, sie fahren am liebsten deutsche Autos, und statt wie früher von oben nach unten schreiben sie heute von links nach rechts. Meine chinesischen Bekannten in Peking leben heute lieber in Hochhäusern, Apartmentblocks und Villen, wie sie die westliche Architektur erschuf; wild auf einen der letzten verbleibenden alten *Siheyuan* – das sind die klassischen Hofhäuser in Pekings Hutongs, den Altstadtgassen mit traditionellen Innenhöfen – sind dagegen vor allem europäische Botschaftsangehörige und Expats.

Unterm Strich bleibt: Wir sind uns alle ähnlicher, als viele glauben. Das ist vor allem deshalb relevant, weil die KP einen großen Teil ihrer Propaganda um die Behauptung herum strickt, wonach China ein dermaßen exotisches Land sei, dass sich die westliche Logik daran schlicht die Zähne ausbeiße. Ihr könnt China einfach nicht verstehen, heißt es immer wieder. Und viele Kulturrelativisten fallen darauf herein und plappern die Mär nach, wonach Chinas »nationale Besonderheiten« dringend nach genau jener Spielart von Diktatur verlangten, die die Partei ihr angedeihen ließe. Das aber ist eine Falle, in die man nicht tappen sollte, hier haben sich Chinas Kommunisten einen ganz eigenen Orientalismus ausgedacht, haben der Realität einfach ein exotisch besticktes Mäntelchen umgehängt, unter dem sie sich bequem verstecken.

Bei nüchterner Betrachtung ist das Argument besonders komisch, wurde doch die Ideologie, die Xi Jinping heute wieder mit viel Leidenschaft predigt, wesentlich ersonnen von dem deutschen Philosophen Karl Marx. Westlicher geht nicht. Und wenn er ankündigt, der Welt nun die »chinesische Weisheit« schenken zu wollen, dann meint er nicht Konfuzius, Laozi und die Regeln des Feng-Shui, sondern schlicht die chinaeigene Kombination aus Staatskapitalismus und den Normen und Werten einer leninistischen Diktatur. Das mag als Mixtur heute stark nach »Made in Peking« riechen – die Zutaten allerdings sind praktisch allesamt aus Europa und den USA importiert.

Meine Lieblingsszene im chinesischen Kino ist aus dem Film *Still Life* aus dem Jahre 2006. Die von Regisseur Jia Zhangke geschaffene Geschichte spielt in einer städtischen Ruinenlandschaft. Gedreht hat Jia am Rande des Jangtse, in den echten Ruinen der Stadt Fengjie, die kurz nach dem Dreh vom Stausee des Drei-Schluchten-Damms verschluckt wurde. Der Film folgt einem Mann und einer Frau, beide auf der Suche nach ihren ehemaligen Partnern. Sie rauchen, sie essen, sie reden, sie schauen, sie gehen, sie rauchen. Und Suche ist hier jede Geste, jedes Wort und jeder Blick. Die postapokalyptisch wirkende Abbruchlandschaft, durch die die Figuren irren, wirkt wie die Szenerie einer dystopischen Graphic Novel. Es ist ein genialer Kunstgriff des Regisseurs, dass sie dem Zuschauer immer präsent ist und doch den Akteuren des Films nicht ein einziges Mal zum Thema wird.

Fast schon gegen Ende des bis dahin nüchternen Films zündet im Hintergrund eines der Häuser Raketentriebwerke und hebt gen Weltraum ab. Einfach so, ohne jede Vorwarnung. Und ohne dass auch nur einer der Protagonisten den Blick hinwenden würde, ohne dass zu diesem Zeitpunkt der Zuschauer noch schockiert wäre. Da steigt halt ein Haus in den Himmel, na und? China halt. Es wundert einen eben nichts mehr an diesem Ort, in diesem Land, für das die Schwerkraft außer Kraft gesetzt scheint.

Und wenn auch uns in diesen weltweit stürmischen Zeiten hin und wieder das Gefühl beschleicht, im falschen Leben aufgewacht zu sein, in einem Paralleluniversum, weil das alles gar nicht wahr sein kann, was da an Nachrichten auf uns einstürmt, weil es zu absurd ist, zu fantastisch, weil es allem widerspricht, was uns Logik und Erfahrung und gesunder Menschenverstand unser Leben lang lehrten – dann: Willkommen in einer Welt, die Chinesen nur allzu vertraut ist.

Ich habe bald zwei Jahrzehnte gelebt in diesem Land, in dem ein Schriftsteller (Mo Yan) den Nobelpreis bekommen hat, dessen Werk die Kritiker »halluzinatorischen Realismus« bescheinigen. Dabei bedeutet Halluzinieren in China oft nichts anderes als: genau hinsehen. In der einen Ecke Chinas (in Dalian) springt über Nacht Schloss Neuschwanstein aus dem Boden, bloß fünfmal so groß wie bei Füssen, in der anderen (in Hebei) sägt sich ein Bauer selbst sein krankes Bein ab, weil er nicht das Geld für den Arzt hat. Hier regiert eine Partei, die es den Drehbuchautoren des Landes verbietet, Zeitreisen in ihre Spielfilme zu schreiben, »aus Respekt vor der Geschichte«. Gleichzeitig befiehlt diese Partei, atheistisch bis in die Knochen, dem Dalai Lama die Wiedergeburt, und zwar auf chinesischem Territorium. Diese Partei huldigt seit ein paar Jahren wieder Marx und Mao wie seit Jahrzehnten nicht und macht gleichzeitig Peking zur Milliardärshauptstadt der Welt.

Ein Land ist das, das manchen Schriftsteller in die Kapitulation treibt, und nicht allein wegen der Zensur: Das Leben in China, sagt der Autor Murong Xuecun, fühle sich so an, als sei man Zuschauer eines Stückes in einem gewaltigen Theater, »in dem die Geschichten so absurd und so unglaublich sind, dass kein Schriftsteller sie sich je ausdenken könnte«. Und der Schriftsteller Ning Ken meinte einmal, in China sei »die Realität selbst eine Fabel«. Es ist eine Realität, in der die Schwerkraft nicht gilt, in der nicht nur die Dinge, sondern auch die Worte auf dem Kopf stehen.

Lange schien mir das ein Alleinstellungsmerkmal Chinas und anderer Autokratien zu sein. Aber seit sich die Welt einen bösen Scherz namens Donald Trump zum mächtigsten Mann erkoren hat, ist das Fantastische, das Surreale bald allgegenwärtig. Wenn Sie das nächste Mal halluzinieren, nicht vergessen: Wahrscheinlich haben Sie nur genau hingesehen. Und denken Sie an die Chinesen, die ihr ganzes Leben in einem solchen Spiegelkabinett verbringen.

Kann man als Ausländer China verstehen?

Natürlich kann man. Genauso gut, wie Chinesen das können. Man kann natürlich China auch gut missverstehen, genauso gut wie Chinesen selbst das können.

Man kann sie also getrost ignorieren, die Industrie von Sinologen und professionellen Chinavermittlern im Westen, die bisweilen den Anschein erwecken, man müsse sich, um China zu verstehen, erst auf einen geheimen achtfachen Pfad der »interkulturellen Kommunikation« begeben. Ebenso ignorieren darf man das Propagandagebäude der KP, die sich ein Konstrukt der globalen und historischen Einzigartigkeit ihres Landes zusammengezimmert hat: China ist in dieser Propaganda ein Wesen von solch undurchdringlicher Exotik, dass alle Wissbegier gewöhnlicher Ausländer daran abperlen muss wie die Tropfen des Frühlingsregens an der Haut eines jungen Wasserbüffels.

Ich bin selbst Sinologe, ein bekennender und begeisterter dazu, aber seien Sie versichert: Um China zu verstehen, braucht es kein Studium der Sinologie, es braucht auch keine geheimen Initiationsriten, und schon gar nicht braucht es jene »Understanding China«-Konferenzen, zu denen die Propagandaabteilung der KP regelmäßig ausländische Akademiker, Geschäftsleute und Politiker lädt. Die Kenntnis der chinesischen Sprache hilft, ja, aber mehr als alles andere braucht es letztlich Neugier und eine gute Portion gesunden Menschenverstand. Etwas Beharrlichkeit schadet auch nicht.

Die interessante Frage dabei ist, wieso gerade der gesunde

Menschenverstand im Falle Chinas so oft aussetzt. Wahrscheinlich hat das mehrere Gründe.

Grund Nummer eins: China verwirrt. Nennt sich kommunistisch und handelt doch in vielem kapitalistischer als wir. Ist Heimat bitterster Armut und schillerndsten Reichtums. Erlebt jeden Tag brutale Repression und orgiastischen Konsum. An manchen Tagen kann man als Chinaprediger zum Frühstück die eine Wahrheit über China verkünden und zum Abendessen das genaue Gegenteil – und man hat beide Male recht. Oder man liegt beide Male gleich weit daneben. Dieses unfassbare China scheint seine eigenen Bürger stets mindestens so zu verwirren wie die Ausländer. Schließlich stecken die Chinesen nun schon seit Jahrzehnten mittendrin in diesem durch das Land fegenden Wirbelsturm des Wandels, der sie alle paar Jahre erneut von den Füßen auf den Kopf und dann wieder vom Kopf auf die Füße stellt. Ein wenig Distanz hilft mitunter.

Grund Nummer zwei: Wenn wir über China sprechen, sprechen wir oft nicht über China. »Wer über China spricht, spricht in Wirklichkeit über sich selbst.« Simon Leys hat das gesagt, Sinologe und Schriftsteller und selbst einer der klügsten Chinabeobachter. Tatsächlich ist das so seit Marco Polo: Der Westen nimmt sich China als Projektionsfläche seiner eigenen Ängste, Wünsche und Sehnsüchte. Und so blasen wir es mal zur Gelben Gefahr auf und dann wieder zur Schatzkammer, zum Vorbild.

Grund Nummer drei: Vieles an der Chinablindheit unserer politischen und wirtschaftlichen Akteure mag einer Naivität geschuldet sein, noch mehr aber wahrscheinlich ihren ureigenen Interessen. Meist, weil wir mit China gute Geschäfte machen, tatsächlich sind die Geschäfte so gut, dass nicht wenige der Akteure mittlerweile abhängig sind von China. Oft aber benutzen sie China auch einfach als Blaupause für die innenpolitische Debatte. Das hängt dann eng mit Grund

Nummer zwei zusammen. »Schaut euch China an!«, leiten manche dieser Geschäftsleute dann ihr Plädoyer ein, anschließend fallen unweigerlich die Worte »Dynamik«, »Tempo«, »Ehrgeiz« und »Flughafen Berlin« (hier eine Kunstpause für das affirmative Gelächter des Publikums) – und das alles mündet in die Schlussfolgerung: »Wenn wir es nicht so machen wie die Chinesen, dann werden wir hoffnungslos abgehängt.«

Mein Rezept ist eigentlich ein ganz einfaches.

Genau hinsehen. Den eigenen Sinnen trauen. Die Lüge also auch dann noch als Lüge nehmen, wenn der tausendste Zeuge Pekings einem lächelnd versichert, es sei aber die Wahrheit.

Noch einmal hinsehen, diesmal von der anderen Seite. Die Worte von den Taten trennen. Wenn Xi Jinping davon spricht, sein Land mit der Welt zu vernetzen, wieso kappt er dann noch die letzten Verbindungen des chinesischen Internets nach draußen? Wenn er ständig davon spricht, China zu öffnen, wieso macht er es dann dicht?

Und dann noch einmal hinsehen.

7

Sind die Chinesen religiös?

China ist ein Paradox, auch was den Glauben angeht. China ist das atheistischste Land der Welt? Stimmt. China ist das Volk mit den meisten Sinnsuchern, das Land, in dem die Religionen boomen? Stimmt auch.

Nirgendwo auf der Welt leben mehr Menschen, die von sich sagen, sie glaubten an keinen Gott. Als das Meinungsforschungsinstitut Gallup International 2017 die Völker der Welt befragte, da bezeichneten sich 67 Prozent der befragten Chinesen als areligiös. Dahinter kamen, mit weitem Abstand: Japaner, Tschechen und Südkoreaner. Der eine offensichtliche Faktor ist dabei die Herrschaft der Kommunistischen Partei, die 1949 die Volksrepublik gründete und in den folgenden Jahrzehnten mit beispielloser Gründlichkeit und Grausamkeit daranging, alle Spuren von Religion auszumerzen. In den Jahren der Kulturrevolution (1966–1976), als dem ideologischen Irrsinn keinerlei Zügel mehr angelegt waren, schloss der Staat für mehr als ein Jahrzehnt gar alle Tempel, Moscheen und Kirchen. Weltweit geschah das sonst nur noch in Albanien, selbst die Sowjetunion unter Stalin hatte immer ein paar Hundert Kirchen offen gelassen. Diese schlimmen Jahre sind längst vorbei, die KP duldet Religion wieder, allerdings verlangt sie weiterhin die Unterwerfung der Religiösen unter ihre allumfassende Kontrolle.

Gleichzeitig unterscheiden sich die religiösen Traditionen Chinas grundlegend von unseren Kulturen, die von monotheistischen Glaubensvorstellungen geprägten wurden. Die drei großen philosophischen und religiösen Schulen des alten China sind der Konfuzianismus, der Buddhismus und der Daoismus. Die Konfuzianer betrieben zwar Ahnenverehrung, aber Konfuzius predigte nie eine Religion, sondern eine höchst diesseitige Staats- und Morallehre. Die Existenz von Geistern und Göttern bestritt er nie, aber er mahnte seine Schüler: »Halte dich fern von ihnen.« Wenn einer noch nicht einmal das Leben kenne, sagte er einmal: »Wie will der den Tod begreifen?« Den Konfuzianern ging es immer um das Studium des rechten Lebens.

Der Buddhismus wiederum legte sich zwar in seiner Ausprägung als Volksreligion ein ganzes Pantheon an Buddhas und Bodhisattwas zu, denen die Menschen opferten und zu denen sie beten konnten, aber in Wirklichkeit kennt auch er keine Götter, sondern lediglich das Streben nach der Erkenntnis. Ein Buddha ist ein »Erleuchteter«, jeder Mensch kann ein Buddha werden. Die buddhistische Idee, die bis heute noch den meisten Widerhall findet, ist wohl die vom Karma, dass einem also sowohl gute als auch schlechte Taten spätestens im nächsten Leben vergolten werden.

Der Kaiser folgte in der Theorie dem Willen eines abstrakten »Himmels«, *Tian*. Das Volk lebte ein von religiösen Praktiken, von Opfergaben und Ahnenkult erfülltes Leben, aber dabei spielte das Transzendentale kaum eine Rolle. Chinas religiöse Praxis war meist auf das Hier und Jetzt gerichtet und von einem menschenfreundlichen Pragmatismus geprägt: Im alten China konnte sich ein jeder bei Konfuzianismus, Buddhismus und Daoismus gleichzeitig bedienen, ohne dass jemand das komisch gefunden hätte. Von den Göttern oder Buddhas erhoffte man sich ganz konkrete Unterstützung bei Problemen und Krisen des Alltags (Kinderwunsch, Krankheit, Beamtenprüfung), und wenn der eine Gott nicht half, dann ging man eben zum nächsten. Eine Haltung, die unter

Chinesen auch heute noch verbreitet ist: Als beim Vater meiner Chinesischlehrerin in Taipeh aus den USA eingeflogene mormonische Missionare anklopften und ihn für ihren Gott gewinnen wollten, da zeigte er sich durchaus interessiert – bis zu dem Moment, da sie ihm eröffneten, dass er dann aber seinen buddhistischen Praktiken abschwören müsse.

Nun ist Chinas Gesellschaft heute in einer spirituellen Krise. Auf Jahrzehnte kommunistischer Repression alles Religiösen folgten der Kollaps des Marxismus und Jahrzehnte hemmungslosen Konsums und rücksichtslosen Profitstrebens. Die spektakulären Umbrüche der letzten Jahre haben viele Menschen aus alten Zwängen befreit, sie lassen viele aber auch ratlos zurück. Das Gefühl, China sei der moralische Kompass verloren gegangen, hat sich breitgemacht. Mehr und mehr Menschen sind auf der Suche nach innerem Frieden und einem Lebenssinn jenseits von Profit und Ideologie. Und so melden zwei Kreise explosiv wachsenden Zulauf: die Psychologen und Psychiater im Land – und die Religionen.

Chinas Verfassung erlaubt heute offiziell fünf Religionen: Buddhismus, Daoismus, Islam, Katholizismus und »Christentum« (in China nennen sie so den Protestantismus). Allen Kirchen gemein ist, dass sie unter Aufsicht der Partei stehen und jeder Kontakt zu »feindlichen Kräften« außerhalb Chinas strikt untersagt ist, was für Chinas Katholiken bedeutet, dass sie, offiziell zumindest, dem Papst abschwören müssen. Die Kirchengemeinden betreiben die Kirchen und ernennen Mönche und Priester, treten ansonsten in der Gesellschaft jedoch nicht als unabhängige Stimme auf, was dem tiefen Misstrauen der KP gegenüber jeder Form von Zivilgesellschaft geschuldet ist. Vor allem Buddhismus und Christentum boomen heute. Die Zahl der buddhistischen Stätten im Land hat sich seit 1997 fast verdreifacht, auf heute dreiunddreißigtausend. Die Zahl der Mönche an buddhistischen Klöstern ist weiter streng begrenzt, aber sie haben riesigen Zulauf an Laien, und buddhistische Meister und Gurus in den Städten können sich vor neuen Jüngern aus Chinas Mittel- und Oberschicht kaum retten.

Gleichzeitig erlebt das Christentum, vor allem seine protestantischen Flügel, überall im Land einen Aufschwung, der der Partei nicht geheuer ist. Verlässliche Zahlen gibt es nicht. Die KP selbst spricht von einunddreißig Millionen Christen im Land, unabhängige Beobachter tippen angesichts der vielen Haus- und Untergrundgemeinden eher auf ein Vielfaches, möglicherweise hat die Zahl der Christen auch schon die der mehr als neunzig Millionen KP-Mitglieder überholt.

KP-Chef Xi Jinping erklärte im Februar 2014 erstmals, dass der wachsende Glaube im Land auch »die Nation stärken« könne. Die KP erkennt also mittlerweile den Nutzen der Religion als stabilisierenden Faktor in einer Gesellschaft. Dabei ist die Partei gleichzeitig alarmiert: Die subversive Kraft religiöser Bewegungen vor allem in Umbruchzeiten ist in Chinas Geschichte wohl dokumentiert, so hätten zum Beispiel die Taiping-Rebellen, angeführt vom gescheiterten Beamtenanwärter Hong Xiuquan, der sich nach Visionen für den Bruder Jesu hielt, vor mehr als hundertfünfzig Jahren um ein Haar das Kaiserreich gestürzt. Vor allem das Christentum – in ihren Augen Einfallstor für »feindliche ausländische Kräfte« – und den Islam beäugt die Partei misstrauisch. Sie besteht mittlerweile auf eine »Sinisierung« aller Religionen, und wie üblich meint sie damit in Wirklichkeit nicht eine Anpassung der Religionen an die chinesische Tradition, sondern die Unterwerfung unter die Anordnungen der Partei. »Wir sollten die religiösen Kreise und ihre Anhänger anleiten und erziehen mit den sozialistischen Kernwerten«, sagt Xi Jinping.

Und so landet ein uigurischer Teenager für fünfzehn Jahre

im Gefängnis, allein weil er einen religiösen Videoclip auf seinem Handy angeschaut hat, und es werden immer wieder in Xinjiang Moscheen abgerissen und im Rest des Landes die Kreuze in christlichen Gotteshäusern entfernt. Regelmäßig stößt die KP auch Kampagnen an zur Säuberung ihrer eigenen Reihen: Parteikader müssen dann öffentlich etwa dem Christentum abschwören. Atheismus, wiederholt die Parteiführung immer wieder, sei »die Grundvoraussetzung« für jeden guten Kommunisten. Das zeigt vor allem eines: Die Suche nach Sinn und Religion ist längst auch in die Reihen der Partei eingesickert.

8

Was ist Falun Gong?

Falun Gong ist eine in den 1990er-Jahren entstandene religiöse Bewegung, die schnell wuchs, bevor die KP Chinas sie 1999 verbot und brutal verfolgte: Falun-Gong-Anhänger wurden eingeschüchtert, eingesperrt, misshandelt und getötet. Ausgelöscht hat die Partei Falun Gong dadurch nicht. Im Gegenteil: Heute ist Falun Gong eine weltweit agierende Bewegung mit einem eigenen Medienimperium, das Tag für Tag der KP ihre echten und vermeintlichen Verbrechen vorhält und für den Sturz des Regimes wirbt. Falun Gong ist also auch ein Beispiel dafür, wie die Diktatur in ihrem paranoiden Unterdrückungsreflex bisweilen das genaue Gegenteil von dem erreicht, was sie eigentlich vorhatte: Manchmal schafft sie sich erst die Gegner, die sie fürchtet.

Gründer von Falun Gong ist Li Hongzhi, der je nachdem, ob man der Regierung oder aber seinen Jüngern glaubt, entweder 1951 oder 1952 in Chinas Nordosten geboren wurde. Chinas Regierung sagt, Li habe als junger Mann dort auf einem Gestüt der Armee gearbeitet und als Trompeter bei der Forstpolizei. Die von Li Hongzhis Jüngern herausgegebenen Biografien sparen demgegenüber nicht mit Heiligenlegenden. Demnach kam Li in seiner Heimat schon als Vierjähriger in die Obhut diverser buddhistischer und daoistischer Meister, die ihn im Schwertkampf ebenso stählten wie in übernatürlichen Kräften. Einmal habe Li seinen Schulranzen im verschlossenen Klassenzimmer vergessen und sei dann durch Glas gelaufen, um ihn zu holen.

Des Meisters Botschaft: Moral wird heute mit Füßen getreten, »die Menschheit ist im Niedergang«. Li aber bringt die Erleuchtung: »Ich bin hier, um euch zu retten.« Deswegen hat er der Welt Falun Gong geschenkt, eine Mischung aus buddhistischen und maoistischen Lehren und Praktiken der traditionellen chinesischen Atemheilkunst Qigong. 1993 veröffentlichte Li sein Buch *Das Dharmarad drehen*, das zur Bibel einer rasend schnell wachsenden Anhängerschar wurde. Falun Gong behauptete schon Ende der 1990er-Jahre, hundert Millionen Jünger zu haben, davon siebzig Millionen in China, was wohl übertrieben war. Dennoch hatte Li mit seinen Lehren einen phänomenalen Erfolg. Ein Erfolg, der auch Indiz ist für das spirituelle Vakuum, das in China herrscht, nachdem der Sozialismus Platz gemacht hat für Chaos, Gier und Korruption. In den Parks von Chinas Städten konnte man überall große Gruppen von Falun-Gong-Anhängern bei ihren Gymnastikübungen sehen.

Die Falun-Gong-Jünger beharren darauf, sie betrieben keine Religion und schon gar keinen Aberglauben, sondern lediglich »Selbstvervollkommnung«. Höchste Werte sind »Wahrheit, Güte und Leidenskraft«; angestrebt werden Erleuchtung und eine höhere Existenz in einer anderen Welt. Li Hongzhi behauptet, er heile Krankheiten und pflanze seinen Jüngern ein »Dharmarad« (*Falun*) in den Unterbauch, welches ohne Unterlass kosmische Energie in deren Körper schaufle – der schnelle Weg zur Erlösung. Eine »Schutzkappe« bewahre die Jünger derweil vor Dämonen. Dass Li den Showmagier David Copperfield für einen »großen Meister mit übernatürlichen Kräften« hält, beirrt seine Jünger ebenso wenig wie seine Rassentheorie, die Mischlinge von der Erlösung ausschließt.

Lis messianische Botschaften, seine Rede vom »zu Ende gehenden Katastrophenzeitalter«, in dem wir im Moment lebten, und vor allem seine rasch anschwellende, gut organisierte Anhängerschar – übrigens auch in den Reihen der KP – ließen bei KP-Führern die Alarmglocken schrillen. Li Hongzhi selbst siedelte schon 1994 in die USA um. Nachdem die Repressalien gegen Falun Gong wuchsen, umstellten im April 1999 mehr als fünfzehntausend von Lis Anhängern in einer stummen Demonstration Chinas Machtzentrum, das Viertel Zhongnanhai in Peking, in dem die höchsten Führer der Partei leben und arbeiten. Es war eine erstaunliche Demonstration, die größte seit der Demokratiebewegung vom Platz des Himmlischen Friedens 1989. Sie schockierte die KP-Führung so sehr, dass sie im Juli 1999 ein Verbot gegen »den bösen Kult« aussprach und eine gnadenlose Kampagne der Verfolgung gegen die Falun-Gong-Anhänger lostrat, die bis heute anhält.

Wenn allerdings Chinas Geschichte eine Lehre bietet, dann die, dass Bewegungen wie die Falun-Gong-Sekte geradezu dafür geschaffen sind, im Untergrund zu gedeihen. Und so hält man heute manchmal in China plötzlich Geldscheine in der Hand, auf die Falun-Gong-Anhänger die Parolen ihrer Bewegung gestempelt haben. Und wenn im Sozialkreditsystem der Stadt Rongcheng die meisten Minuspunkte für »illegale religiöse Aktivitäten verteilt werden«, dann zielt das auf Bürger, die heimlich Falun Gong praktizieren. Wahrscheinlich hat die Bewegung noch immer viele Millionen Anhänger in China selbst.

Wirklich präsent allerdings ist sie außerhalb Chinas: mit Mahnwachen vor chinesischen Botschaften und Konsulaten überall auf der Welt, mit eigenen Fernsehsendern und Filmproduktionen, mit einer weltweit tourenden Tanztruppe (Shenyun), die chinesische Folklore mit Falun-Gong-Propaganda mischt, und mit einem Presseimperium, zu dem zum Beispiel auch die deutsche Ausgabe der Epoch Times gehört. Die Epoch Times Deutschland fiel in den letzten Jahren allerdings weniger durch ihre Chinaberichterstattung auf als durch ihre Stimmungsmache gegen Flüchtlinge und Muslime in Deutschland und ist so zu einer der Lieblingslektüren im Lager von AfD und Pegida geworden. Das Falun-Gong-Medienimperium in den USA trommelt derweil für Donald Trump und macht sich zum Lautsprecher für all die Verschwörungstheorien und »Fake News«-Attacken der ihm nahestehenden Jünger vom äußersten rechten Rand. Bemerkenswerte Allianzen.

9

China war wohl nie wieder so frei wie in jenen Monaten und Wochen, die auf den Juni 1989 hinführten. Die Kinder griffen nach den Sternen, das Land nach der Welt. China in den 1980ern war eine Nation im Aufbruch. Mit Mao Zedong war 1976 die Kulturrevolution gestorben. Das Volk atmete tief durch: vorbei die Zeit der aberwitzigen Politkampagnen, die verkrüppelte Seelen in jeder chinesischen Familie zurückgelassen hatten. Maos Nachfolger Deng Xiaoping hatte die Fenster zur Welt aufgestoßen. Neue Ideen flatterten herein, wurden verschlungen: Freud und Sartre wurden erstmals gedruckt und fanden ebenso reißenden Absatz wie japanische Modemagazine und Modern-Talking-Kassetten. Unter den Augen toleranter KP-Führer wie Hu Yaobang und Zhao Ziyang fegte durch die sogenannten Salons der Studenten ein Wirbelwind an Ideen und Philosophien.

Der Platz und die Macht. Die zwei lassen sich nicht trennen. Seinen Namen hat der Platz des Himmlischen Friedens vom gleichnamigen Tor (*Tiananmen*), dem Einlass zur angrenzenden Verbotenen Stadt. Von hier aus regierten Chinas Kaiser. Ihre moralische Ausstrahlung – und nicht ihre Gesetze – sollte die Harmonie zwischen Himmel und Erde bewahren, den Himmlischen Frieden. Am 4. Mai 1919 erhielt der Platz seine zweite Bestimmung: Demonstrierende Studenten gegen die Versailler Verträge weihten ihn zum heute mythischen Ort des Protests. Später hat ihm Mao seine Weite gegeben, eine Weite, in der der Einzelne untergeht, und anstelle eines rettenden Ufers steht die betonierte Staatsmacht an beiden Flanken. Auf dem alten Palasttor im Norden hängt bis heute das Porträt Maos. Religiöse Ehrfurcht flößt der Ort ein – und Widerwillen. Wer die Herzen des Volkes beherrschen will, der muss diesen Platz besetzen.

Was als Trauerkundgebung für den beliebten, am 15. April 1989 verstorbenen Generalsekretär Hu Yaobang begann, wurde zum Volksfest. Trauer ging auf in Euphorie; Idealismus und Überschwang putschten einander hoch – bis mit dem Schlussvorhang Entsetzen auf die Akteure fiel. Der Studentenführer Wu'er Kaixi, damals Student der Lehrerhochschule, erinnerte sich in einem Gespräch mit mir an sein Erstaunen: »Die Atmosphäre war körperlich spürbar, du konntest die politische Leidenschaft mit Händen greifen. Die Leute schwärmten enthusiastisch von Demokratie, von Freiheit, von der Bewegung. Praktisch jeder in Peking war dabei.«

Tatsächlich war es eine Volksbewegung. Alle fanden Grund zum Protest. Die Studenten, weil sie politische Reformen herbeisehnten, die Arbeiter, weil die Inflation ihnen den Lohn auffraß, und alle zusammen, weil korrupte Kader das Volk aussaugten. In friedlichen Triumphmärschen durchbrachen sie Barrikaden hilfloser Polizisten, zeitweise waren mehr als eine Million Menschen auf dem Platz. Sechs Wochen lang kampierten, protestierten, tanzten, sangen und fluchten dort die Demonstranten – auf der Nase des Politbüros. Der Sinologe und Augenzeuge Orville Schell notierte eine unwirkliche Stimmung, »wie eine Szene aus einem Kindermärchen, in dem eine geheimnisvolle Macht alle schwermütigen Erwachsenen verbannt hat und nur unbeschwerte Kinder zurückließ, die nach Herzenslust spielen durften.«

Schließlich berauschten sich nicht nur die Bürger Pekings mit den Studenten an der neu entdeckten Macht des Volkes. Es marschierte sogar die Akademie der Volkspolizei in ihren

Reihen, »Wir sind da«, stand auf ihrem Banner. Herrscher über diese Insel der Freiheit im Reich der Kommunisten blieben die Studentenführer: die zum radikalen Pathos neigende Chai Ling, der stille Denker Wang Dan und der charismatische Wu'er Kaixi.

Mitte Mai flog aus Moskau Michail Gorbatschow zum Staatsbesuch ein, der Generalsekretär der Sowjetunion. Doch Chinas Herrscher mussten ihn durch die Hintertür in die Große Halle des Volkes schleusen. Innerhalb der Partei brach derweil ein Richtungskampf aus: Wie sollte man mit den Studenten verfahren? Premierminister Li Peng und Deng Xiaoping, die graue Eminenz der Partei, waren für die harte Linie. Der liberale Parteichef Zhao Ziyang wollte hingegen ein Blutvergießen verhindern, verzweifelt ging er am 19. Mai selbst auf den Platz und sprach durch ein Megafon unter Tränen zu den Studenten. Einen Tag später wurde er entmachtet, Li Peng rief den Ausnahmezustand in Peking aus. In den Vororten hatten bereits Truppen der Volksbefreiungsarmee Stellung bezogen. Bis zu hundertfünfzigtausend Soldaten waren abkommandiert worden.

In der Nacht vom 2. auf den 3. Juni versuchten Polizei und Armee zum ersten Mal, den Platz zu räumen, doch sie scheiterten. Eine Nacht später schossen sie scharf. In der Nacht zum 4. Juni starben in Peking zwischen fünfhundert und mehreren Tausend Menschen. Die genaue Zahl kennt bis heute keiner. Sie wurden erschossen, erschlagen, erstochen, von Panzern und Panzerwagen gejagt und zermalmt. Die meisten Toten gab es nicht auf dem Platz selbst, sondern in den Straßen westlich des Platzes; die Menschen starben, während sich die Truppen ihren Weg zum Platz selbst freischossen. Das chinesische Rote Kreuz schätzte zunächst, dass zweitausendsechshundert Menschen beim Massaker ums Leben gekommen waren, der Schweizer Botschafter, der die Krankenhäuser der Stadt besucht hatte, sprach von zweitausendsiebenhundert Opfern, beide zogen auf Druck der Regierung ihre Zahlen später zurück. Im Dezember 2017 erst wurde eine geheime diplomatische Depesche des damaligen britischen Botschafters in Peking, Sir Alan Donald, für die Öffentlichkeit freigegeben. Darin wird die Zahl der Toten auf mehr als zehntausend geschätzt.

Chinas Regierung sagt heute, sie habe »die korrekten historischen Schlussfolgerungen« längst gezogen. Die sind, in den Worten von Deng Xiaoping: »Eine kleine Zahl von Leuten begann Chaos zu verbreiten, das sich später zu einem konterrevolutionären Aufruhr auswuchs.« Deng sagte das fünf Tage nach dem Massaker in einer Ansprache an die Soldaten. »Unsere Truppen haben das Volk nicht enttäuscht«, lobte er. »Sie sind Chinas Große Mauer aus Eisen und Stahl.« Die Karriere von Peng Liyuan, der Ehefrau des heutigen Parteichefs Xi Jinping, als Sängerin in Diensten der Volksbefreiungsarmee begann in jenen Jahren. Im Jahr 2013 tauchte ein Foto auf, das offenbar die heutige First Lady zeigt, wie sie kurz nach dem Massaker in Peking in voller Uniform für die Kriegsrechtstruppen ein Konzert gibt.

10

Wissen die Chinesen heute noch, was am 4. Juni 1989 geschah?

Im Jahr 2019 jährte sich das Massaker vom Platz des Himmlischen Friedens zum dreißigsten Mal. Auf der ganzen Welt wurde des 4. Juni 1989 gedacht – außer in China, dort ist das Jahr 1989 einfach ausgelöscht. »Wer die Vergangenheit kontrolliert, kontrolliert die Zukunft. Wer die Gegenwart kontrolliert, kontrolliert die Vergangenheit«, schreibt George Orwell. Der Autokrat braucht die kollektive Amnesie seines Volkes. Die Propaganda der Partei verordnet sie ihrem Land immer wieder neu.

Als die amerikanische Journalistin Louisa Lim zum fünfundzwanzigsten Jahrestag des Massakers für ihr Buch *The People's Republic of Amnesia* recherchierte, da zeigte sie hundert Pekinger Studenten das berühmte Foto vom »Tank Man«: jenem Mann in schwarzer Hose und weißem Hemd, der sich ganz allein und mit nichts als einer Plastiktüte in der Hand einem auf ihn zurollenden Konvoi von Panzern in den Weg stellt und ihn – eine Armlänge vor seiner schmächtigen Gestalt nur – zum Halten bringt. Es ist eine der ikonischen Fotografien des 20. Jahrhunderts. Doch nur fünfzehn der einhundert befragten Studenten erkannten – zutiefst erschrocken –, dass das Bild China zeigt: Peking. Die Straße des Ewigen Friedens, die zum Tiananmenplatz führt. Die anderen fünfundachtzig tippten auf »Kosovo« oder »Südkorea«. Zensur funktioniert, Propaganda funktioniert. Und Chinas Umgang mit der eigenen Geschichte ist eines der besten Beispiele dafür.

Mao Zedong hatte sich einst sein Volk als ein weißes, unbeschriebenes Blatt Papier gewünscht: »Darauf lassen sich die frischesten und die schönsten Schriftzeichen malen.« Nach dem 4. Juni 1989 war das Land in Schrecken gefroren. Als das Volk sich schließlich aus der Starre löste und wieder in Gehorsamkeit übte, blendete die Propaganda über Jahre hinweg den Schrecken jener Tage kunstvoll aus: Aus dem »konterrevolutionären Aufruhr« wurde zunächst der »Aufruhr«, aus dem Aufruhr der »politische Sturm« und aus dem Sturm »der Zwischenfall«. Am Ende löste sich auch der Zwischenfall auf in Schweigen.

Wikipedia ist in China verboten, das chinesische Gegenstück heißt Baidu Baike, laut Eigenauskunft ist das »eine offene und freie Onlineenzyklopädie«. Man wird auf Baidu Baike einen Eintrag für das Jahr 1988 finden und einen für das Jahr 1990. Das Jahr 1989 aber existiert nicht. Ein komplettes Jahr ist aus der Geschichte gefallen.

Das Verblüffende dabei sind nicht die Anstrengungen der Zensoren. Das Verblüffende ist: Es hat tatsächlich funktioniert. Man kann das. Selbst in Zeiten, in denen Chinas Türen zur Welt dank des Internets so weit geöffnet wurden wie nie, kann man einem ganzen Volk das Gehirn waschen. Es gibt junge Chinesen, intelligente und aufgeschlossene Geister, aufgewachsen mit Smartphones und sozialen Medien, die gehen mit Mitte zwanzig zum Studium ins Ausland und hören dort zum ersten Mal davon, was 1989 in ihrer Heimat geschehen ist.

Das Tiananmen-Massaker ist nur das letzte einer Vielzahl von Ereignissen, die die Partei dem Volk aus dem Gedächtnis zu löschen suchte. Die von 1966 bis 1976 während Kulturrevolution ist ein anderes. Mao Zedongs Kulturrevolution legte das Land in Ruinen und verwüstete die Seele des Volkes. Im Jahr 2016, anlässlich des fünfzigsten Jahrestages, gab es Veranstaltungen in Hongkong und in Taiwan, Seminare in den USA und Symposien in Deutschland. Aber in China selbst?

Das ganze Jahr über kein Gedenken, keine Trauerfeiern. Kein Seminar, keine Debatten und keine Selbstkritik. Ein Mantel des Schweigens bedeckte das Land.

Die Erinnerung, die Partei weiß das, kann ihr gefährlich werden: Die Leute würden sich an ihre Mitschuld erinnern, könnten womöglich Muster entdecken in der Rolle, die Chinas politisches System spielt bei all den Verbrechen der letzten sieben Jahrzehnte. Und so verurteilten die KP-Granden die Kulturrevolution nach Maos Tod als »zehn Jahre Chaos«, stellten aber eilig fest, dass Maos Verdienste groß waren, seine Fehler dagegen lässlich. Die Partei rechnete nach und befand, Mao sei »zu siebzig Prozent gut und zu dreißig Prozent schlecht« gewesen. Dieser Befund schließt auch die vierzig Millionen Hungertoten des »Großen Sprungs nach vorn« von 1958 bis 1961 ein, jene todbringendste aller Kampagnen, in der Mao noch den letzten Bauern im letzten Dorf befahl, ihre Werkzeuge und ihre Töpfe einzuschmelzen, um daraus Stahl zu gewinnen. Mao wollte so »England einholen und Amerika überholen«, China über Nacht zum Industrieland machen. Am Ende hatte China keine Spaten und keine Schaufeln mehr, keine Pflugscharen und keine Woks, und das Resultat war eine der größten Hungersnöte der Geschichte.

Die Vergessensmaschine löscht aber nicht nur die großen historischen Lügen und Verbrechen der Partei aus, sie arbeitet unermüdlich auch im Kleinen und begräbt Tag für Tag, Monat für Monat, Jahr für Jahr all die kleinen und mittelgroßen Fehltritte, Ausrutscher, Unglücke und Katastrophen, welche geeignet wären, die Menschen auf den Gedanken zu bringen, da könne etwas faul sein im System. Ereignisse, an denen sich Reflexion und Analyse festkrallen könnten, sollen sich auflösen zu Niegeschehenem. Räume, in denen Zusammenhänge und Muster sichtbar werden könnten, werden verriegelt. Übrig bleibt oft nur mehr ein leises Echo: War da was?

Furcht ist das eine. Das Stillhalten derer, die dabei waren, das stumme Einverständnis mit der Macht – in China sind das simple Überlebenstechniken. Die Furcht um die eigenen Kinder, vor denen man die Wahrheit verbirgt, weil sie ihnen – unbedacht ausgesprochen vor Klassenkameraden oder Lehrern – gefährlich werden kann. Einmal fragte ich Cui Jian, den Rockmusiker, der 1989 für die Studenten auf dem Platz des Himmlischen Friedens spielte, dessen Lied »Habenichts« (Yi wu suo you) zu ihrer Hymne wurde, was ihm in China am meisten zu schaffen mache. »Zhuang sha«, antwortete er wie aus der Pistole geschossen: das Sichdummstellen, das unter Diktaturen wie der chinesischen vielen zur zweiten Natur wird.

Es ist aber mehr als nur Furcht. Nach 1989 kam etwas Neues hinzu. Die Führung um Deng Xiaoping bot ihrem Volk, dem städtischen zumindest, einen Deal an: Macht Geld, werdet reich – und haltet den Mund. Und das Volk schlug ein. Wang qian kan, war die Parole der Stunde: »Nach vorne schauen!« Bloß nicht umdrehen. Praktischerweise kann man Wang qian kan auch verstehen als: »Dem Gelde nach!« Seither verfolgt die Partei einen beispiellosen Kurs wirtschaftlicher Öffnung bei nicht nachlassendem politischen Würgegriff. Den Kommunismus trägt sie noch immer wie eine Monstranz vor sich her, aber ein jeder weiß, dass das, was da den Gestus der Anbetung verlangt, längst mausetot ist. Als Opium fürs Volk guckten sich die Führer stattdessen den Nationalismus aus. Die nationalistische Propaganda, die schon in Kindergärten und Vorschulen beginnende Gehirnwäsche, hat unter Xi Jinping noch einmal zugelegt.

Und auch das funktioniert – gerade bei den jungen Leuten. Kritische und skeptische Bürger findet man heute vor allem in den Reihen der in den 1960er- und 1970er-Jahren Geborenen, das sind die Generationen, die die Verbrechen der Partei noch mit eigenen Augen erlebt haben. Bei den Jüngeren sorgt eine Mischung von geschäftsmäßigem Pragmatismus, nationalistischen Sehnsüchten und manchmal wohl auch Furcht dafür, dass die Rechnung der Partei aufgeht. Und so findet man in China heute auch junge Leute, die zwar gehört haben von den Ereignissen jener Juninacht im Jahre 1989, die aber schulterzuckend argumentieren, die Partei habe damals richtig gehandelt, die Entwicklung der letzten dreißig Jahre habe ihr recht gegeben. So gesehen, hätte die Partei allen Grund, den 4. Juni eines jeden Jahres wenigstens heimlich zu feiern: Ihre Politik des Vergessens sei sagenhaft erfolgreich.

11

War Stalin links? War Mao links?

Ist ein Land dann links, wenn es sich selbst sozialistisch nennt? Ist eine Partei dann links, wenn sie den Kommunismus im Namen trägt? Die Volksrepublik China nennt sich übrigens auch eine »Demokratie« und feiert sich als »Rechtsstaat«. Ich habe mehr als fünfzehn Jahre in China gelebt, und glauben Sie mir: China ist keines von beidem.

Karl Marx ist tot. Einerseits. Andererseits feierte er 2018 seinen 200. Geburtstag in seiner Heimatstadt Trier mit großem Tamtam und einer noch größeren Statue. Die Statue kam aus China, das größte Tamtam machten die in Scharen angereisten chinesischen Diplomaten und Vertreter der KP. Dort, in China, durfte Karl Marx nämlich vor gar nicht allzu langer Zeit schon seine Wiedergeburt erleben. In China haben sie sich mittlerweile vorgenommen, das »Weltzentrum für die Marxismus-Forschung« zu werden. Das Weltzentrum für die Karl-Marx-Anbetung sind sie heute schon. Mangels Konkurrenz. Und dank Partei- und Staatschef Xi Jinping, der die schon schwer verstaubten und auch in China drei Jahrzehnte lang kaum mehr eines Blickes gewürdigten Marx-Büsten aus dem Regal genommen, abgebürstet und dann der Partei und dem Volke zum erneuten Kniefall vorgesetzt hat.

Wenn Xi Jinping zum Volk spricht, in seiner Neujahrsansprache, dann hat er in der Bücherwand hinter sich nicht nur Bestseller über die Künstliche Intelligenz stehen, außerdem die *Odyssee* von Homer und Hemingways *Der alte Mann und das Meer* – in Griffweite stehen da selbstverständlich auch wieder *Das Kommunistische Manifest* und *Das Kapital* von Karl Marx. Denn Xi und seine Partei erfinden nicht nur gerade die Diktatur, sie erfinden auch den Marxismus auf Chinesisch neu. Natürlich sei Marx »total korrekt« gewesen, sagte Xi in seiner Ansprache zum 200. Geburtstag des deutschen Denkers, und »total korrekt« sei einst auch die Übernahme des Marxismus durch die KP gewesen. »Total korrekt«, so Xi, sei aber nun auch sein Projekt: die Sinisierung und Modernisierung des Marxismus. Seinen Genossen und dem ganzen chinesischen Volk empfahl er, die Ausrichtung an Marx »zur Lebensart« zu machen. »Yeah. You. You. You know / Kommunismus ist süß wie Honig«, hatten schon 2016 bei einem Fernsehauftritt ein paar jugendliche Rapper in vorauseilendem Gehorsam gesungen: »Ich bin dein Bruno Mars / Du bist meine Venus, mein geliebter Karl Marx.«

Moment mal, war China nicht fast vier Jahrzehnte lang das Land von »Reform und Öffnung« gewesen? Ein Labor des Pragmatismus, in dem egal war, ob die Katze nun ein weißes oder schwarzes Fell trug, Hauptsache, sie fing Mäuse, sprich: machte Geld, sorgte für die sagenhaften Wachstumszahlen. Ein Land, das von einer Partei regiert wurde, die mit einer Chamäleonhaftigkeit gesegnet war wie keine zweite all jener Parteien auf diesem Erdball, die sich kommunistisch nannten – und die ebendeshalb als einzige nicht bloß überlebte, sondern wuchs und gedieh: weil sie sich schon ein paarmal neu erfunden hatte. Marx und der Kommunismus waren dabei von Deng Xiaoping und seinen Anhängern diskret in der Abstellkammer entsorgt worden. Bis Xi Jinping kam. Der nicht nur Repression und Führerkult zurückbrachte, sondern mit voller Macht eine Kampagne der Reideologisierung anstieß, die noch lange nicht beendet ist. Der Westen – mit einem Mal ist er wieder der ideologische Feind.

Die Beamten und Kader überall im Land hörten die Zeichen der Zeit. Die Universität Peking benannte 2015 eines ihrer Gebäude nach Karl Marx und stellte ein Team zusammen, das sich an die Sammlung marxistischer Klassiker machte. Das Projekt trägt den Namen *Ma Zang*, was man übersetzen kann mit »marxistischer Kanon«. Ohne Ironie ist das nicht: Mit *Zang* bezeichneten Chinas Gelehrte bislang die Sammlung heiliger oder kanonischer Texte des Buddhismus, des Daoismus und des Konfuzianismus.

Es gibt jedoch einen großen Unterschied zu den ideologischen Säuberungen Mao Zedongs: Zu Maos Zeiten herrschte an Gläubigen kein Mangel. Dagegen hat Xis Marxismus-Kampagne heute eine überwiegend negative Stoßrichtung. Sie definiert sich vor allem über ihren Feind: den Westen und seine Werte. Sie verlangt vom Publikum nicht mehr den Glauben, sondern die Geste der Unterwerfung vor dem ausgestopften Marx, eine Geste, die den Loyalitätsschwur an die Partei vereint mit der Absage an nichtmarxistische westliche Verirrungen. Der Marxismus ist ihr Gesslerhut, vor dem sich ein jeder verbeugen soll.

Mancher Spötter meinte, der einzige Marxist im Land sei wahrscheinlich Xi Jinping selbst. Das ist nicht ganz richtig, wahrscheinlich ist es sogar doppelt falsch: Was Xi Jinping angeht, so trägt er den Idealisten Marx zwar auf den Lippen, in den Knochen aber stecken ihm Lenin und Stalin, die brutalen Strategen der Macht. »Wer Lenin und Stalin ablehnt«, sagte Xi Jinping schon kurz nach seiner Ernennung zum KP-Chef in einer internen Rede, »der betreibt historischen Nihilismus, der verwirrt unser Denken und untergräbt die Parteiorganisationen auf allen Ebenen«. Und was die anderen Chinesen angeht: Doch, es gibt schon noch echte Marxisten in China, aber es ist wahrscheinlich kein Zufall, dass viele von ihnen gerade im Gefängnis sitzen.

Tatsächlich findet sich plötzlich wieder eine Handvoll echter Gläubiger: junge Leute, Studenten, die sich glühende Marxisten nennen und die zu Marx gefunden haben als Reaktion auf die Entwicklungen der letzten Jahrzehnte. Ihnen gehen wachsende Ungleichheit, fehlendes soziales Netz, Korruption und Umweltzerstörung, vor allem aber das noch immer triste Los der Arbeiterklasse zu Herzen. Junge Idealisten sind das, die den oft geschundenen Arbeitern zu Hilfe eilen wollen. Im Sommer 2018, die Geburtstagselogen der Parteiführer auf Karl Marx waren noch nicht verklungen, da schlug zum Beispiel der Fall der Shenzhen Jasic Technology Company Wellen, einer Firma, die ihre Arbeiter zu endlosen Überstunden zwang und in militärischen Gewaltmärschen drillte, die ihnen ihre freie Zeit strich, den Lohn kürzte und sie bei Widerworten einfach rauswarf. Als die Arbeiter sich in einer Gewerkschaft organisieren wollten, ließ die Firma sie von lokalen Gangstern bedrohen und verprügeln und rief die Polizei, die Proteste und Versammlungen gewaltsam auflöste und Arbeiterführer verhaftete. Diese Nachrichten erreichten die neuen marxistischen Zirkel an den Universitäten, und die Studenten beschlossen, etwas zu tun: »Die Arbeiter wurden gehalten wie Sklaven«, sagte hernach einer der Studenten. »Als Jugendliche, die im sozialistischen China aufgewachsen sind, sollten wir an der Seite der Arbeiterklasse stehen«, schrieb Yue Xin, eine der bekanntesten Aktivistinnen unter den Studenten der Peking-Universität, in einem Essay. Sie reisten nach Shenzhen, auf den Lippen nichts als Lobpreis für den großen Generalsekretär Xi Jinping, im Herzen das hehre Ziel, den Arbeitern zu helfen und die »dunklen Kräfte« zu besiegen, »die die ursprünglichen Ziele und Werte unserer Kommunistischen Partei vergessen haben«. Der »Rechtsstaatlichkeit« wollten sie zu ihrem Platz verhelfen, der »Fairness« und der »Gerechtigkeit«, und, ja: »den Ruf der Partei« verteidigen, auch das.

Nun, die Partei verteidigte sich dann selbst und fuhr mit eiserner Faust in die Mitte der eifrigen Studenten. Fünfzig von ihnen nahm die Polizei allein am 24. August 2018 in Shenzhen fest, so hart war der Apparat seit Tiananmen 1989 nicht mehr gegen protestierende Studenten vorgegangen. Die Partei empfand die echten Gläubigen als Gefahr. Und tatsächlich, sie sind wohl eine: »Kann es sein, dass manche die ursprünglichen Werte unserer Kommunistischen Partei völlig vergessen haben?«, fragte die Studentin Yue Xin in ihrem Essay. Natürlich kannte sie die Antwort selbst. China nennt sich kommunistisch und ist doch seit Jahrzehnten schon Heimat hemmungslosester ultrakapitalistischer Auswüchse in Fabriken und Sweatshops.

»Meine Güte«, sagte mir vor ein paar Jahren ein Pekinger Freund, der gerade aus Deutschland zurückgekommen war: »Ihr in Deutschland habt den Sozialismus, wir hier haben den Kapitalismus.« Und was für einen. »Was wir in China haben, ist die totale Abkoppelung der Theorie von der Praxis, hier unterscheidet sich das Gesagte nicht nur vom Tun, hier ist es oft das Gegenteil«, schrieb der Intellektuelle Rong Jian, den das Massaker von 1989 vom Marxismusforscher zum Kunstgaleristen hatte werden lassen, in einem viel beachteten Essay 2013. »Viele der Probleme Chinas kommen daher, dass der gelebte Kapitalismus als Sozialismus gepredigt wird.«

12

Wie rechts ist China?

An manchen Orten, in manchen Momenten erscheint einem China kapitalistischer als der Kapitalismus. Bloß, mit freier Marktwirtschaft hat das nichts zu tun. Kaderkapitalismus haben es Chinaforscher genannt. Die Macht und das Geld: Sie liegen miteinander im Bett im neuen China.

Als im März 2018 in Peking Chinas Nationaler Volkskongress und die stets parallel dazu tagende Politische Konsultativkonferenz zusammentraten, um eine weitere Krönungsmesse für den »Volksführer« und »Steuermann« Xi Jinping zu feiern, saßen darin nicht weniger als hundertdreiundfünfzig Abgeordnete, die der in Shanghai erscheinende *Hurun-Report* zu Chinas Superreichen zählt. Zusammen kamen sie auf ein Vermögen von umgerechnet sechshundertfünfzig Milliarden US-Dollar, womit sie nur knapp das Bruttoinlandsprodukt der Schweiz verfehlten.

Karl Marx, sagte Xi Jinping in seiner Geburtstagsansprache, habe den Weg gewiesen »in eine ideale Gesellschaft ohne Unterdrückung und ohne Ausbeutung«. Im China Xi Jinpings aber ist die Unterdrückung so groß wie seit Maos Zeiten nicht mehr. Und für die Ausbeutung der Arbeiter in vielen Fabriken Südchinas zum Beispiel hat diese Partei kaum ein Ohr. Längst schon ist dies keine Partei des Proletariats mehr, sind nicht Arbeiter und Bauern das Herzstück ihrer Mission – die wichtigsten und treuesten Alliierten der KP sind seit drei Jahrzehnten schon die Angehörigen der neuen städtischen Mittelschicht und die neuen Reichen. Das hat auch komische Auswüchse: Der *xiaozi* etwa ist der von Karl Marx und Mao Zedong so verachtete Petit Bourgeois, der Kleinbürger, der jedem gesellschaftlichen Fortschritt im Wege steht – im neuen China aber wollte mit einem Mal ein jeder ein *xiaozi* sein. Der Kleinbürger wurde cool und zum sprichwörtlichen Aufstiegsideal.

Vor allem aber hat das dazu geführt, dass das angeblich kommunistische China heute eine der ungleichsten und ungerechtesten Gesellschaften der Erde ist. Es gibt kaum einen anderen Ort, wo die Kluft zwischen Arm und Reich so groß ist. Die Stadt, in der die meisten Milliardäre leben, ist seit ein paar Jahren schon nicht mehr New York, sondern Peking. Der Gini-Koeffizient, mit dem Wissenschaftler den Grad der sozialen Ungleichheit messen (0 steht in dieser Skala für absolute Gleichheit, 1 für absolute Ungleichheit), ist in China seit 1980 gewachsen von 0,30 auf heute 0,47 (und das sind die offiziellen Zahlen der Regierung, manche chinesische Akademiker schätzen den tatsächlichen Wert höher). Der Durchschnitt in den OECD-Ländern liegt bei 0,31, die USA liegen bei 0,39. China hat kein nennenswertes soziales Netz, die Arbeitsgesetze werden vielerorts einfach ignoriert. Es gibt eine wachsende Mittelschicht, die eine Zeit lang von Jahr zu Jahr wohlhabender wurde, aber manchmal genügt es, wenn auch in einer solch augenscheinlich privilegierten Familie ein Mitglied Krebs bekommt, um die Familie finanziell in den Ruin zu treiben. Ja, es gibt offizielle Gewerkschaften, aber sie sind ein Arm der KP, ihre Aufgabe ist es nicht, die Arbeiter vor Ausbeutung zu schützen, sondern dafür zu sorgen, dass die Arbeiter stillhalten.

Es ist kaum ein Zufall, dass die Begeisterung für China in den letzten Jahren gerade bei manchen Wirtschaftsliberalen im Westen kaum Grenzen kannte. In der *Financial Times* etwa konnte man immer mal wieder Gastkommentare von Risikokapitalinvestoren lesen, die Silicon Valley dringend aufforderten, endlich das Faulenzerleben sein zu lassen und stattdessen dem Raubtierkapitalismus der Chinesen nachzueifern: Dort nämlich schufteten die Leute sieben Tage die Woche von morgens sieben bis abends zehn Uhr, und wenn sie ihren Ehepartner einmal zu Gesicht bekommen wollten, »dann begleiteten sie ihn auf ihren Geschäftsreisen«.

Ein auch unter Ausländern viel diskutiertes Phänomen während des Wahlkampfs von Donald Trump und seiner Anfangszeit als US-Präsident war die Tatsache, dass ihm – trotz seiner antichinesischen Ausfälle – in China ein nicht unbeträchtlicher Fanclub erwuchs: In den Onlineforen Chinas applaudierten viele Nutzer Trumps schamlosem Kriegszug gegen alle politische Korrektheit und seinen Attacken auf Sozialstaat und liberale Menschenrechtspolitik. Es hat sich nach all den Jahren der hemmungslosen Anbetung von Macht und Geld in Teilen der chinesischen Gesellschaft ein Sozialdarwinismus festgefressen, der die Idee der natürlichen Auslese des Stärkeren aus der Natur in die Gesellschaft überträgt. Tatsächlich war eines der meistgebrauchten Schimpfwörter in der chinesischen Netzgemeinde eine Zeit lang *baizuo*, weiße Linke, das stand für jene westlichen Liberalen, die sich für Flüchtlinge oder sozial Schwache einsetzten.

In ihrer Propaganda ist die KP natürlich weiterhin die Beschützerin der Armen und Geknechteten. Und eines der Vorzeigeprojekte Xi Jinpings ist sein Vorhaben, in den nächsten Jahren die bitterste Armut in China auszurotten. Xi meint das ernst. Aber auch er weiß, dass ihm der Marxismus im Volk nicht mehr abgenommen wird, und deshalb flirtet er gleichzeitig mit der Reaktion. Als erster KP-Chef überhaupt hielt Xi es wie die alten Kaiser und begab sich auf Pilgerfahrt nach Qufu, zum Geburtsort des Konfuzius. Dort erklärte er tatsächlich, die KP sei nichts anderes als die »Erbin und Verbreiterin der großen chinesischen Kultur«. Es war eine Rede von ziemlicher Chuzpe angesichts der Orgien der Zerstörung von allem, was nach Kultur und Tradition roch, in denen die Partei unter Mao rauschhaft versunken war. Aber es passt in den »Chinesischen Traum«, den Xi seinem Volk verkauft, den Traum von der Rückkehr Chinas zu alter Macht und Größe. Xi Jinping macht immer wieder klar, dass er seine Herrschaft in einer Linie sieht mit den großen Zeiten alter Dynastien. Und so führt er unablässig Konfuzius und andere Philosophen des alten China auf den Lippen. Mehr als der Marxismus, Xi weiß das, hilft ihm der Appell an Nationalismus und Großmachtsgefühle bei seinem Versuch, das ideologische Vakuum zu füllen.

»Vergesst nicht unsere ursprüngliche Mission!«, ist einer der meistplakatierten Propagandaslogans unter Xi Jinping. Emanzipation der Unterdrückten und Ermächtigung der Ohnmächtigen? Nein. Ausgerechnet der selbst erklärte Kommunist Xi Jinping sucht – wie das in China und später in Taiwan als Letzter der nationalistische Diktator Chiang Kai-shek gemacht hat – Zuflucht im Reaktionismus. Er stellt Chinas Tradition in seine Dienste, vor allem jene Teile, die über Jahrtausende den Untertanen bedeuteten: Nicke! Schlucke! Gehorche!

13

Was ist eigentlich aus der Ein-Kind-Politik geworden?

Neben Reis, Tee und Pandabären war die Ein-Kind-Politik in den sechsunddreißig Jahren ihres Bestehens so etwas wie ein Markenzeichen Chinas. Eines allerdings, dem stets ein Element des Schreckens innewohnte. Zwar half die Politik dem Land, das unkontrollierte Bevölkerungswachstum in den Griff zu bekommen, zu dem Mao Zedong sein Volk einst verdonnert hatte. Gleichzeitig aber kostete ihre oft unbarmherzige Umsetzung die KP bei den eigenen Bürgern so viele Sympathien wie kaum eine andere Politik. Als die Nachrichtenagentur Xinhua dann am 29. Oktober 2015 in einer dürren Meldung verkündete: »Jedem Ehepaar werden von nun an zwei Kinder erlaubt«, da war dies das Ende einer Ära.

Der Bauch der Frau, in der Volksrepublik China stand er immer im Dienste der Partei: Nach der Machtübernahme 1949 trieb Mao Zedong die Chinesinnen an zum fleißigen Gebären für die Nation. Und als diese sich dann von unkontrollierter Überbevölkerung bedroht sah, verordnete Deng Xiaoping dem Land die »Ein-Kind-Politik«. Er ließ im ganzen Land eine allmächtige Familienplanungsbürokratie errichten, die über mehr als drei Jahrzehnte hinweg an ihrem Volk eines der größten und mitunter auch brutalsten sozialen Experimente durchführte.

Die Politik wurde im Jahr 1979 eingeführt, sie galt allerdings nie für alle Chinesen. Die Angehörigen nationaler Minderheiten, also etwa Tibeter oder Uiguren, durften immer mehr Kinder bekommen. Bauern wurde ein zweites Kind erlaubt, wenn das erste ein Mädchen war. Bei den meisten Städtern hingegen übernahm die neu gegründete Familienplanungsbehörde die Kontrolle über die Fortpflanzung. Zwei Generationen von Kindern wuchsen ohne Geschwister, Cousins, Onkel und Tanten auf. Die Regierung sagt, man habe so vierhundert Millionen Geburten verhindert, die Familienplaner an der Basis griffen dabei allerdings oft zu grausamen Methoden: Zwangsabtreibungen und -sterilisierungen waren keine Seltenheit. In ärmeren Gegenden wurden neugeborene Mädchen auch von den Eltern ausgesetzt oder getötet: Auf dem Land ist es traditionell der Sohn, der im Alter für die Eltern sorgt. Massenhaft wurden weibliche Föten abgetrieben.

Die gesellschaftlichen Folgen waren und sind enorm. Wenn China bald einen Überschuss von dreißig Millionen jungen Männern zählt, die nie eine Frau finden werden, dann wegen der Ein-Kind-Politik. Sie schuf eine Generation von Einzelkindern, die einerseits verwöhnt sind und auf die sich andererseits der Druck hoher Erwartungen von zwei Elternteilen und gleich vier Großeltern konzentriert. Und eine Wirtschaft, der die Arbeitskräfte knapp werden. Tatsächlich bedroht die Ein-Kind-Politik seit Langem die Zukunft des Landes, denn China altert rapide – ebendies hat die KP Chinas zum Einlenken bewegt. Die Regierung schätzt heute, dass schon 2030 jeder vierte Chinese älter sein wird als sechzig Jahre, 2010 war es gerade mal jeder achte. 2030 soll es dann 1,45 Milliarden Chinesen geben – hernach soll die Bevölkerungszahl erstmals sinken.

Auch andere Gesellschaften altern, in Europa oder in Japan zum Beispiel. In diesen Ländern allerdings beträgt die Wirtschaftsleistung pro Kopf ein Vielfaches von der Chinas, zudem haben sie einen ausgebauten Wohlfahrtsstaat. China aber wird alt, bevor es reich ist. In einem Land wie China, in dem es kaum ein soziales Netz gibt, ist das ein Problem für den Staat ebenso wie für die einzelnen Menschen. »Die Generation der Einzelkinder ist hoffnungslos überfordert«, warnte im Gespräch mit mir der Guangzhouer Schuldirektor He Youlin, der als Abgeordneter des Nationalen Volkskongresses seit langer Zeit für die Abschaffung dieser Politik eintrat.

Die Folge: Mit der gleichen Macht, mit der die Kommunistische Partei jahrzehntelang Ehepaare verfolgte und bestrafte, wenn sie mehr als das eine erlaubte Kind zur Welt brachten, versucht sie seit Ende 2015, die Leute zu einem zweiten Kind anzutreiben. In Dörfern tauchten mit einem Mal rote Spruchbänder auf, die verkündeten, es sei »glorreich, wenn Schwiegermutter und Schwiegertochter zur gleichen Zeit ein zweites Kind zur Welt bringen«. Und in der Stadt Yichang ermahnte die örtliche Parteizelle ihre Mitglieder, sie sollten sich »an die Front begeben« und ihre Pflicht im Dienste der Volksverjüngung tun. Sprich: Die Genossen sollten schnellstmöglich ein zweites Kind in die Welt setzen, fürs Vaterland. Chinesische Akademiker schlugen 2019 gar eine »Steuer« vor für Bürger unter vierzig Jahren, die kein zweites Kind in die Welt setzen – der Vorschlag ging auf Chinas Social-Media-Kanälen in einem wahren Shitstorm unter.

Es sieht nämlich so aus, als hätten die Leute schlicht keine Lust mehr: nicht darauf, sich von der Partei ihr Fortpflanzungsverhalten diktieren zu lassen, und auch nicht auf ein zweites Kind. Im ersten Jahr nach der Lockerung von 2015 schnellte die Zahl der Geburten noch nach oben, aber schon 2017 fiel sie wieder um 3,5 Prozent auf 17,2 Millionen Geburten im Jahr. Und sie fällt weiter, im Jahr 2018 vermerkte die Nationale Statistikbehörde nur mehr knapp fünfzehn Millionen Geburten, dreißig Prozent weniger als vorhergesagt. Den Chinesen geht es nicht anders als den Menschen in Europa zum Beispiel: Das Leben in den Städten ist zu teuer, die Arbeit zu anstrengend, mehr als ein Kind glauben sich viele nicht leisten zu können.

Bemerkenswert angesichts der Notlage: Aus der Ein-Kind-Politik ist nun zwar eine Zwei-Kind-Politik geworden – das heißt aber auch, dass jene Paare, die ein drittes Kind bekommen, weiterhin bestraft werden: wie gehabt mit hohen Geldstrafen und bürokratischen Schikanen für die dritten Kinder. So wird ihnen bis heute der Zugang zu öffentlichen Schulen und zur öffentlichen Krankenversorgung verwehrt. Die Familienplanungsbürokratie ist keineswegs abgeschafft und weiß sich selbst weiterhin Geltung und auch Geld zu verschaffen.

14

Was ist das Soziale Bonitätssystem?

Stellen Sie sich ein System vor, das die Guten belohnt und die Bösen bestraft. Ein System, das die Menschen einteilt in Ehrliche und in Schwindler, in »Vertrauenswürdige« und »Vertrauensbrecher«. Über die Vertrauenswürdigkeit eines Bürgers entscheidet, ob er seine Rechnungen bezahlt hat, aber auch, ob er bei Rot über die Ampel gegangen oder schwarz U-Bahn gefahren ist. Ob er bei der Hochschulaufnahmeprüfung geschummelt oder raubkopierte Filme heruntergeladen hat. Ob er sich die Nächte mit Computerspielen um die Ohren schlägt. Ob er online viel Alkohol oder aber öfter Babywindeln einkauft und ob er seine Eltern regelmäßig besucht.

Die Idee ist, dass wir alle – Individuen, aber auch Firmen und Organisationen – wandelnde Sets von Daten sind, die die Regierung möglichst komplett abgreifen möchte. Erfassung, Auswertung und Belohnung oder Bestrafung unserer Handlungen sollen im Idealfall durch Algorithmen erfolgen. Am Ende sollen Big Data und Künstliche Intelligenz einem jeden Bürger einen Bewertungsstempel aufdrücken. Es ist ein System, das letztlich jede Handlung und jeden Schritt eines jeden Bürgers erfasst und bewertet – und über den Zugang zu Ressourcen und die Teilhabe am gesellschaftlichen und wirtschaftlichen Leben entscheidet.

Im Chinesischen nennen sie es »System für soziale Vertrauenswürdigkeit«, auf Englisch wird es übersetzt mit »social credit system«. Im Deutschen wäre die genaueste Übersetzung wohl »Soziales Bonitätssystem«. »Die Vertrauenswürdigen sollen frei unter dem Himmel umherschweifen können«, heißt es in Regierungsdokumenten, »den Vertrauensbrechern aber soll kein einziger Schritt mehr möglich sein.« Wer aber ist ein Vertrauenswürdiger und wer nicht? Das entscheidet am Ende der Algorithmus, geschaffen von den Programmierern der KP.

Ein Bewertungssystem, das unsere Vertrauenswürdigkeit auslotet, ist auch uns im Westen nicht fremd. In Deutschland haben wir die Schufa, die unsere Finanzhistorie erfasst: ob wir unsere Schulden bezahlt haben, ob wir eine Insolvenz hinter uns haben, ob wir im Falle von Bürgschaften unseren Verpflichtungen nachgekommen sind. Aufgrund dieser Daten entscheidet dann die Bank, ob sie uns einen Kredit gewährt. Das chinesische System geht weit darüber hinaus. Nicht nur die Finanzhistorie eines jeden Bürgers soll erfasst werden, sondern auch möglichst komplett sein soziales und moralisches Verhalten. »Wir wollen den ehrlichen Bürger schaffen«, sagte mir ein hochrangiger Berater für das System in Peking.

Ziel ist es, den ökonomisch produktiven und sozial harmonierenden Menschen zu schaffen, der darüber hinaus auch ein politisch gehorsamer ist. Onlinekommentare, die »die gesellschaftliche Stabilität gefährden«, oder die Teilhabe an »illegalen religiösen Aktivitäten« werden in den existierenden Pilotprojekten weit strenger bestraft als andere Sünden. »Wir wollen die Bürger normieren«, sagte mir in dem für sein Pilotprojekt bekannten Städtchen Rongcheng einer der für die Umsetzung zuständigen lokalen Beamten. »Wenn die Bürger alle normiert sind, dann ist meine Arbeit nämlich einfacher.« Petitionäre, die in Rongcheng auf – oft von lokalen Behörden verursachtes – erlittenes Unrecht aufmerksam machen wollen, werden herabgestuft. Wer es gar wagt, seine Petition in die Hauptstadt Peking zu tragen, stürzt automatisch auf die niedrigste Bewertungsstufe ab: Er ist von nun an ein »unehrlicher Vertrauensbrecher«.

Die Rahmenbedingungen für das System stellte Chinas Regierung im Jahr 2014 vor, offiziell aber soll es landesweit erst im Laufe des Jahres 2020 eingeführt werden. Und wahrscheinlich wird es noch mehrere Jahre dauern, bis es seine eigentliche Form gefunden hat. Bislang ist nicht klar, welches der mehr als drei Dutzend Pilotprojekte Modell stehen soll für die landesweite Umsetzung. Es ist noch nicht einmal klar, ob es überhaupt ein landesweit einheitliches System geben soll oder ob die Regionen den von der Zentrale vorbestimmten Rahmen mit unterschiedlichen eigenen Regeln ausfüllen dürfen.

Einzelne Puzzleteile finden allerdings schon seit ein paar Jahren landesweit Anwendung. Die schwarze Liste zum Beispiel, die darüber entscheidet, ob einer noch mit dem Flugzeug fliegen oder mit dem Hochgeschwindigkeitszug fahren darf. Sie entstand einst aus einer Liste von säumigen Schuldnern, die der Oberste Gerichtshof Chinas führte. 17,5 Millionen Chinesen sei aufgrund dieser Liste im Jahr 2018 der Zugang zu Flugzeugen versperrt worden, teilte die Regierung mit, 5,5 Millionen durften sich kein Schnellzugticket kaufen. Mit Flugverbot belegt werden im Moment Randale im Flugzeug ebenso wie Alkohol am Steuer, Gewalt gegen Krankenhauspersonal, Steuerbetrug, Finanzvergehen und Versäumnisse beim Bezahlen der Sozialversicherung. Ein halbes Jahr nicht mehr Zugfahren dürfen zum Beispiel nicht nur diejenigen, die schwarz Tickets verkaufen, sondern auch alle, die sich im Hochgeschwindigkeitszug eine Zigarette anzünden. Vom Jahr 2020 an soll es Bürgern, deren Namen sich auf einer schwarzen Liste finden, nicht länger erlaubt sein, an den jährlichen Beamtenprüfungen teilzunehmen. Die Regeln sehen zudem vor, dass Vertrauensbrechern zu Hause kein schnelles Internet mehr installiert und ihnen die Ausreise aus China verwehrt wird. Ihre Kinder dürfen keine teuren (also oft die besseren) Schulen mehr besuchen. Die braven Bürger hingegen sollen belohnt werden, beispielsweise mit günstigen Krediten, verbilligten Flugtickets oder aber Bevorzugung bei der Aufnahme in die Partei. Das von der Regierung geführte Webportal Credit China erlaubt jedem die gezielte Suche nach Personen, die auf den schwarzen Listen stehen. Die Tugendhaften kommen auf »rote Listen«.

Eine zweite Webseite stellt ähnliche Informationen über Unternehmen zur Verfügung, die sanktioniert wurden: 3,59 Millionen Firmen waren das im Jahr 2018, zum Beispiel Impfstoffhersteller oder Lebensmittelkonzerne, die in Skandale verwickelt waren. Solche Firmen sollen in Zukunft zum Beispiel von staatlichen Ausschreibungen ausgeschlossen werden. Tatsächlich ist es eines der erklärten Ziele, Betrügern im Wirtschaftsleben das Handwerk zu legen. Besser bewerteten Firmen winken niedrigere Steuersätze oder besserer Zugang zu Lizenzen und Krediten. Das System wird auch gelten für alle in China agierenden Joint Ventures und ausländische Unternehmen. Heikel für ausländische Manager und Leiter von Stiftungen oder NGOs: Der Punktestand ihres Unternehmens oder ihrer Organisation soll sich den momentanen Plänen zufolge automatisch auswirken auf ihren individuellen Bewertungsstand und umgekehrt.

Für Unruhe unter deutschen Stiftungen und NGOs sorgte 2018 der Entwurf eines Handbuchs, das die »Gefährdung der Wiedervereinigung und nationalen Einheit Chinas« mit satten hundert Punkten Abzug für die Stiftung und fünfzig Miesen für den Geschäftsführer belegen wollte. Ebenso bestraft werden sollte der wolkige Tatbestand der »Verleumdung« oder der »Veröffentlichung schädlicher Informationen«. Ist damit nun jede Kritik an Xi Jinping und der KP, jede Sympathieäußerung für die Demokratie auf Taiwan tabu? Und werden die Pekinger Vertreter der Konrad-Adenauer- oder der Heinrich-Böll-Stiftung auch bestraft, wenn ihre Kollegen in Berlin Exiltibeter oder einen Hongkonger Studentenführer treffen?

Das Soziale Bonitätssystem ist also einerseits der Versuch der KP, Chinas Wirtschaftssystem effizienter zu machen. Andererseits soll es die soziale und politische Kontrolle perfektionieren. Es ist damit ein Puzzleteil in dem Projekt der Partei, die Diktatur digital neu zu erfinden.

15

Ist die KP bald allsehend und allwissend?

Wahrscheinlich ist sie schon jetzt ziemlich nah dran. Und meist genügt es bereits völlig, wenn sie den Eindruck erweckt, sie sei es.

Es gab einmal eine Zeit, in der die Propheten erst des Satellitenfernsehens, dann der Handys, dann des Internets mit dem Siegeszug ihrer jeweils neuen Technologie auch den Siegeszug der Freiheit noch in den letzten Winkel der Erde vorhersagten. Quasi huckepack. Automatisch, hörten wir von amerikanischen Präsidenten und von den Vordenkern des Silicon Valley, werde das Internet die autoritären Regime dieser Erde untergraben.

Es war einmal eine Zeit, da auch die KP dem Internet nervös und bang gegenüberstand.

Die Zeiten sind längst vorbei. Nicht nur hat die KP keine Angst mehr vor den neuen Technologien – sie hat sie lieben gelernt. Zuerst die Telekommunikation, dann das Internet, jetzt Künstliche Intelligenz (KI) und Big Data: Die Partei hat gelernt, dass all dies Instrument ihrer Macht sein kann, so macht- und so wirkungsvoll, wie sie noch kein Herrscher je besessen hat. Chinas KP erfindet die Diktatur gerade digital neu und erfüllt sich damit den Traum aller Autokraten: die totale und lückenlose Kontrolle all ihrer Untertanen. Keine Regierung dieses Erdballs stürzt sich mit einer solchen Leidenschaft und mit solchen Ressourcen in das Feld der KI wie die chinesische. Im Jahr 2030, hat sie verkündet, möchte China bei der KI weltweit die Nummer eins sein.

Auch wir im Westen vertrauen mittlerweile jeden unserer Gedanken und jeden unserer Schritte unserem Smartphone an, trennen uns nicht einmal auf der Toilette von ihm und legen es noch neben das Kopfkissen. Die Chinesen sind noch gadgetverrückter als wir. Und ihre App-Entwickler sind in vielem – bargeldlosem Bezahlen etwa – weiter als die unseren. In einer App wie WeChat kann man mittlerweile sein ganzes Leben verbringen: chatten, telefonieren, shoppen, essen, reisen und Taxis bestellen, Kredite beantragen, den Gemüsehändler bezahlen, Akten bei Gericht einreichen, sich ausweisen. Geht alles über einen Anbieter. Die Chinesen freut das: wie bequem! Chinas Staatssicherheit freut das noch mehr: wie bequem!

Im Parteiorgan *Qiushi*, »Wahrheitssuche«, war schon 2015 zu lesen, die KP werde mithilfe von KI und Big Data »eine vollständige Sammlung von grundlegenden Informationen über alle Orte, alle Sachen, alle Angelegenheiten und alle Menschen anlegen: von den Trends und Informationen darüber, was sie essen, wie sie wohnen, wohin sie reisen und was sie konsumieren«. Das nämlich, so ein hochrangiger Parteifunktionär, mache »unser Frühwarnsystem wissenschaftlicher, unsere Abwehr und Kontrolle effektiver und unsere Schläge präziser«. Und so sammelt Chinas Sicherheitsapparat längst schon alles, was ihm in die Finger kommt: Krankheitsgeschichten, Essensbestellungen, Kurierlieferungen, Methoden der Geburtenkontrolle, religiöse Neigung, Onlineverhalten, Flug- und Zugreisen, GPS-Bewegungskoordinaten und biometrische Daten, Gesicht, Stimme, Fingerabdruck und von vielen Millionen Chinesen auch schon die DNA. Big Data und KI sollen der Polizei helfen, »schon im Voraus zu wissen, wer ein Terrorist sein und wer Böses im Schild führen könnte«. Im Zweifelsfall bevor der Betroffene selbst das weiß. Gesagt hat das ein Vizeminister für Wissenschaft und Technologie 2017.

China möchte mithilfe der KI seine Wirtschaft ins neue Jahrtausend katapultieren. Gleichzeitig wird KI in den Papieren der Partei immer auch als Mittel der sozialen Kontrolle gepriesen. Der Apparat spricht jetzt von *Zhineng guanzhi*, von der »Künstlichen-Intelligenz-Regierung«. »Wir müssen die Entwicklung der KI-Regierung noch wichtiger nehmen«, sagte 2019 der hochrangige KP-Führer Chen Yixin: »Wir müssen es zu einem zentralen Mittel der Kontrolle machen.«

Das »Himmelsnetz«, *tianwang*, das landesweite Netz von Überwachungskameras, ist der bekannteste und sichtbarste Teil des neuen Überwachungsregimes. Die Algorithmen hinter den Kameras versetzen diese in die Lage, automatisch die Gesichter oder seit Kurzem auch den Gang von Passanten zu erkennen. Acht der zehn meistüberwachten Städte der Welt liegen laut einem Bericht des Portals Comparitech heute schon in China. Shenzhen, Platz zwei, zählte demzufolge 2019 knapp zwei Millionen Kameras, auf tausend Einwohner kamen somit hundertneunundfünfzig Kameras. (Auf Platz sechs lag übrigens die meistüberwachte Stadt des Westens, London, mit knapp achtundsechzig Kameras pro tausend Einwohnern.) Eine stolze Zahl, aber nichts gegen die Pläne für die Zukunft: Da sollen in Shenzhen noch einmal mehr als sechzehn Millionen Kameras dazukommen. Für insgesamt zwölf Millionen Einwohner. Shenzhen ist eine der Städte, die an manchen Kreuzungen Videoschirme aufgestellt haben für alle, die bei Rot über die Ampel gehen: Die Kameras erfassen die Delinquenten – und auf dem Schirm erscheint umgehend für alle sichtbar, noch während sie die Straße überqueren, ihr Foto, ihr Name und – teilweise geschwärzt – ihre Ausweisnummer.

Schon im Frühjahr 2018 verkündete das Parteiblatt *Volkszeitung der Welt* stolz auf Twitter, Chinas Himmelsnetz sei nun »in der Lage, jeden der 1,4 Milliarden Bürger innerhalb von einer Sekunde zu identifizieren«.

Man kann sich natürlich fragen: Stimmt das überhaupt? Ist das System jetzt schon so weit? Und man kann zu der Antwort kommen: Nein, noch ist das eher unwahrscheinlich. Es gibt zumindest im Moment wohl noch mehr weiße Flecken im Himmelsnetz, als der KP lieb ist, es gibt Pfusch, Ineffizienz und Dateninseln, die nicht miteinander kommunizieren. Und dennoch gilt: Es ist völlig egal, ob die Aussage stimmt oder nicht. Es genügt, wenn die Menschen glauben, sie stimme. Es genügt, dass sie jetzt schon an das allsehende, allwissende Auge glauben, das über ihrem Leben schwebt. Wenn ihnen die Präsenz dieses Auges einmal zur Gewissheit geworden ist, dann ist es völlig egal, ob das Auge in diesem oder jenem Moment wirklich hinsieht. Es könnte hinsehen. Diese Gewissheit allein genügt vollauf, um das eigene Verhalten ganz von selbst den Erwartungen des alles kontrollierenden Blickes anzupassen. Ziel ist der vorauseilende Gehorsam, die Selbstzensur: Der Bürger soll die Kontrolle internalisieren und sein eigener Polizist werden.

Die monotheistischen Religionen funktionieren so, jetzt auch die allmächtige Partei.

16

Wie finden Chinas Bürger die neue Hightech-Überwachung?

Grundsätzlich gibt es in der Diktatur keine Tradition der kritischen Debatte, auch und gerade nicht hinsichtlich Privatsphäre und Datenschutz. Die Propaganda dominiert den öffentlichen Raum, und ihre Narrative verfangen oft. Beim Thema Kameraüberwachung gelingt ihr das bei vielen Bürgern mit dem Argument »Sicherheit«: Wenn wir in euren Städten jeden Quadratzentimeter mit Gesichtserkennungskameras kontrollieren können, dann wird sich niemand mehr trauen, selbst eure liegen gebliebene Handtasche aus Bus oder U-Bahn zu klauen. Die Argumente ähneln dabei oft denen unserer Sicherheitsbehörden im Westen: Keine Angst, die Maßnahmen richten sich gegen Diebe, Verbrecher, Terroristen. Der brave Bürger, der nichts zu verbergen hat, hat nichts zu befürchten.

Ein anderes Argument ist die Bequemlichkeit. Viele Chinesen finden nicht nur nichts dabei, dass etwa die WeChat-App längst ihr ganzes Leben geschluckt hat, dass sie jeden ihrer Schritte aufzeichnet und dass mittlerweile selbst der Bettler in Peking seinen Obolus über Handy und App verlangt. Im Gegenteil: Wenn meine Pekinger Freunde von ihren Europaurlauben wiederkamen, stöhnten sie stets leicht befremdet über die Rückständigkeit der europäischen Länder, wo man ab und zu noch eine Kreditkarte oder gar Bargeld in die Hand nehmen muss: »Wie unpraktisch!«

Beim Sozialen Bonitätssystem kommt noch etwas anderes hinzu: die Sehnsucht nach einer Gesellschaft, in der man einander vertrauen kann. Viele Chinesen sind bislang noch kaum mit dem System in Berührung gekommen. Wenn man ihnen den Plan der Regierung erklärt, die Gesellschaft in Vertrauenswürdige und Vertrauensbrecher zu teilen, dann ist die erste Reaktion bei vielen: »Finde ich gut!« Das liegt daran, dass das allerorten grassierende Misstrauen eines der größten Probleme der chinesischen Gesellschaft ist. Keiner traut keinem, jeder geht automatisch davon aus, dass das Gegenüber ihn über den Tisch ziehen möchte. Das ist ein Problem in allen autoritären Systemen: Es zählt zu den grundlegenden Machttechniken der Autokraten, die Individuen voneinander zu isolieren, Zwietracht und Misstrauen zu säen – der Autokrat fürchtet wenig mehr als Solidarität und Empathie unter seinen Untertanen. Dass in Chinas Gesellschaft das Problem ein besonders gravierendes ist, hat mit den Verheerungen der Kulturrevolution zu tun, in der Mao Zedong Kinder gegen ihre Eltern hetzte und Ehepartner gegeneinander.

Kritische Köpfe gibt es, angesichts der Übermacht des Partei- und Staatsapparates flüchten aber auch sie sich oft in Resignation und Fatalismus. »Mei banfa«, da kann man nichts machen, ist ein zum Seufzer gewordenes Schulterzucken, ohne das in China kaum ein Tag vergeht.

Und doch geschieht mittlerweile Erstaunliches. Im Jahr 2018 konnte man in Chinas sozialen Medien erstmals Zeuge einiger Debatten zum Thema Datenschutz werden. Anlass waren Skandale von Unternehmen, die mit den Daten ihrer Kunden fahrlässig umgegangen waren und die im Netz Empörung auslösten, eine Empörung, die von der Zensur jeweils zumindest eine Weile lang geduldet wurde. Die für mich interessanteste dieser Debatten entzündete sich an Äußerungen über die oft unterstellte kulturelle Unempfindlichkeit der Chinesen Datenschutzbedenken gegenüber. Es war der Chef des Internetkonzerns Baidu, Robin Li, der den Zorn des Publikums bei einer Diskussionsrunde in Peking auf sich zog. »Die Chinesen sind offener und nicht so sensibel beim Datenschutz«, sagte Robin Li. »Wenn Menschen bereit sind, ihre Privatsphäre gegen Effizienz einzutauschen – und die Menschen hier sind dazu oft bereit –, dann können wir die Daten noch mehr nutzen.« Die Folge war ein veritabler Shitstorm im chinesischen Internet mit dem Tenor: »Wir sind nicht bereit, unsere Privatsphäre für deinen Profit aufzugeben.«

Tatsächlich hat Chinas Regierung mittlerweile mehrfach eine schärfere Datenschutzgesetzgebung angekündigt. Die schärferen Gesetze und die Toleranz gegenüber der aufkeimenden Debatte über Privatsphäre, sie gelten jedoch ausschließlich für Verfehlungen der Privatwirtschaft. Die Sphäre der Politik, die Entwicklung des Hightech-Überwachungsstaates bleibt tabu: Jede Diskussion über den Zugriff der Partei auf noch den letzten Gedanken ihrer Bürger wird sofort im Keim erstickt. Ohnehin gebe es keinerlei Grund zur Sorge, versichert die *Volkszeitung*: Einige wenige mögen sich bedroht fühlen »durch eine Technologie, die praktisch jeden unters Mikroskop stellt. Aber die große Mehrheit fühlt sich sicher, weil sie die Technologie in guten Händen weiß«.

Darf man China eine Diktatur nennen?

Ja, darf man. Soll man sogar.

Es war mitunter ein komisches Schauspiel die letzten Jahre, Politiker, Unternehmer und Kommentatoren dabei zu beobachten, wie sie sich wanden auf der Suche nach einem Wort für das China vor ihnen. »Diktatur« klang vielen von ihnen offensichtlich zu unappetitlich für ein Land, mit dem sie von Jahr zu Jahr bessere Geschäfte machten und in dem sie – vor der Machtübernahme Xi Jinpings – von Jahr zu Jahr auch zunehmende Freiräume in Gesellschaft und Wirtschaft beobachteten. Etwas verschämt einigten sich viele auf ein halb geflüstertes »autoritäres System«.

Die Partei selbst hatte solche Skrupel nie. Sie nannte ihre Herrschaft all die Jahre hindurch offen und stolz eine Diktatur. Sie schrieb das sogar in ihre Parteistatuten. Und in die Verfassung der Volksrepublik, ganz vorne, in Artikel 1: »Die Volksrepublik China ist ein sozialistischer Staat unter der demokratischen Diktatur des Volkes.« Natürlich waren die Parteifunktionäre nicht dumm: Sie wussten, dass der Begriff in westlichen Ohren nicht ganz so stolz klang wie in ihren, und vermieden es tunlichst, im Ausland selbst von ihrer Diktatur zu sprechen. Und doch war die Volksrepublik immer eine Diktatur in all den Jahren, auch als sie sich »Reform und Öffnung« auf die Fahnen schrieb: Die Partei diktierte dem Volk in zentralen Fragen seiner Existenz das Tun und Denken.

Unpassend allerdings war all die Jahrzehnte der deng-xiaopingschen Reformpolitik hindurch ein anderer Begriff, auch

wenn ihn manche Chinakritiker immer gerne als Kampf-
begriff verwendeten: der des Totalitarismus. Ein totalitäres
Regime herrschte in der Volksrepublik lediglich einige Jahre
lang unter Mao Zedong, vor allem während der von ihm losge-
tretenen Kulturrevolution (1966–1976). Ein Regime also, das
keinerlei Beschränkungen seiner Macht duldet. Ein Regime,
dessen Bedürfnis nach Kontrolle total ist und das deshalb
noch unter die Bettdecken seiner Untertanen kriecht. Ein
Regime, das noch in die letzten Windungen der Gehirne seiner Untertanen einzudringen sucht: um die Gehirne auszule-
sen, aber auch, um sie zu formen und zu steuern. Mao Zedong
hat ihn nicht erfunden, den »neuen Menschen« des Sozialismus, das waren die frühen Sowjets, aber vielleicht wendete
kein sozialistischer Herrscher so viel Energie und Ressourcen auf, diesen neuen Menschen Wirklichkeit werden zu lassen: Er ließ das Land mit einem gewaltigen Netz von Umerziehungslagern überziehen.

Nach dem Tod Maos zog sich die KP, beginnend in den
1980er-Jahren, aus vielen Bereichen der Gesellschaft und
Wirtschaft zurück. Sie blieb für die nächsten Jahrzehnte die
bestimmende Macht im Hintergrund, ließ aber Freiräume zu,
Nischen, in denen sich Unternehmergeist, aber auch Bewe-
gungsdrang und Originalität der Individuen innerhalb gewis-
ser Grenzen entfalten konnten. Privates Unternehmertum
erwuchs zuerst aus diesen Freiräumen, später dann auch eine
keimende Zivilgesellschaft, bei der die KP es lange zumindest
duldete, wenn die Gesellschaft begann, sich etwa in Form von
Naturschutzgruppen oder feministischen Netzwerken selbst
zu organisieren. Eine Diktatur war das noch immer, ja, aber
alles andere als ein totalitärer Staat.

Erst mit dem Amtsantritt von Parteichef Xi Jinping Ende
2012 kehrte sich diese Entwicklung wieder um. Die Partei will
wieder alles kontrollieren. Sie erstickt wieder systematisch die

Freiräume, die sich Chinas Bürger in den letzten Jahrzehnten erkämpft haben. Und sie möchte wieder, dass alle Bürger die gleichen Gedanken denken, nämlich jene, die die Partei ihnen schon einmal vorgedacht hat: Die »Vereinheitlichung des Denkens«, *Tongyi sixiang*, ist wieder zentraler Bestandteil der Propaganda. Und sie bedient sich dabei der Informationstechnologien des 21. Jahrhunderts. Was wir gerade erleben, ist die Rückkehr des Totalitarismus im digitalen Gewand.

Nein, ist er nicht. Zum einen fehlt Xi Jinping das Charisma des überlebensgroßen Revolutionärs und Reichsgründers, zu dem die Partei Mao Zedong schon früh stilisierte. Mao gewann einst als Anführer der Roten Armee den Bürgerkrieg gegen die nationalistischen Truppen Chiang Kai-sheks. Und am 1. Oktober 1949 erklomm er das Tor des Himmlischen Friedens und verkündete von dort die Gründung der Volksrepublik. Einen solchen Übervater leistet sich jede Partei nur ein Mal.

Zum Zweiten könnten die Persönlichkeiten der beiden verschiedener kaum sein. Mao war der ewige Rebell, der von der »permanenten Revolution« träumte und nichts dabei fand, sein Land – wie in der Kulturrevolution – wiederholt ins Chaos zu stürzen und unter millionenfachem Menschenopfer wirtschaftlich in Trümmer zu legen, wenn es ihm nur persönlich in seinen Machtkämpfen nutzte. Mao blühte auf in Chaos und Wirren, oft wurde er verglichen mit dem legendären Affenkönig aus der Volksliteratur, der mit seiner Rauflust in einer seiner berühmtesten Episoden (»Aufruhr im Himmel«) gar die Welt des Himmelskaisers auf den Kopf stellt.

Xi Jinping ist das Gegenteil: ein beherrschter Kontrollfreak, ein Apparatschik, der immer wieder »Stabilität« und »Harmonie« betont. Die von der Partei viel besungene Harmonie, *hexie*, ist dabei jene zwischen Befehl und Gehorsam, und die immer wieder beschworene »Erhaltung der Stabilität«, *weiwen*, ist die bei der Propaganda beliebteste Umschreibung für Repressionen aller Art. Sehr wohl allerdings ist Xi Jinping der Führer mit der meisten Machtfülle *seit* Mao Zedong, auch wenn er natürlich nicht unumstritten ist in der Partei. Und trotz der fundamentalen Unterschiede hat sich seit dem Tode Maos 1976 kein anderer Führer so oft bei der Rhetorik Maos bedient wie Xi. Zum Standard in Xis Reden gehören mittlerweile Mao-Zitate wie jenes, wonach Gesetze und Rechtsstaat in der Volksrepublik nichts anderes sein dürften als »der Griff eines Messers in den Händen der Partei«. Ebenso gern wiederholt Xi jenes Mao-Zitat über das Wesen des Systems: »Egal ob die Regierung, das Militär, das Volk oder die Schulen, egal ob Osten, Westen, Süden, Norden oder das Zentrum – die Partei beherrscht alles.«

Xi Jinping holt der Partei diese absolute Kontrolle wieder zurück. Und dazu beerdigt er einen guten Teil der von Deng Xiaoping einst eingeführten Politik der »Reform und Öffnung«. Dengs Politik war eine bewusste Reaktion auf die Willkürherrschaft Maos. Er hielt dem Volk die Politik wieder vom Hals. Er verdammte den Personenkult und verschrieb der Partei eine kollektive Führung. Er gestattete Wirtschaft und Gesellschaft neue Freiheiten. Er dezentralisierte die Macht, gab den unteren Ebenen Raum für Experimente. Er sperrte die Ideologie in den Besenschrank und verschrieb seiner Partei jenen sagenhaften Pragmatismus, der das chinesische Wirtschaftswunder erst möglich machte, das Xi Jinping später erben sollte.

Mit vielem macht Xi jedoch nun Schluss. Er macht Schluss mit der Trennung von Staat und Partei, die Deng Xiaoping einst vorsichtig angedacht hatte. Er erstickt die Experimentierlust und schließt mühsam erkämpfte Freiräume der Zivilgesellschaft: Es darf keine Götter neben, es darf kein organisiertes Leben außerhalb der Partei geben. Er zieht wieder alle Macht an sich und den kleinen Kreis seiner engsten Genossen. Er betreibt die Gleichschaltung der Medien. Er hat das

Denunziantentum an die Universitäten zurückgebracht und den Westen wieder zum ideologischen Feind erklärt. Er schottet China wieder ab.

Zurückgekehrt ist auch der Personenkult. Bei seiner Ernennung zum Parteichef im November 2012 wurde er noch als »Kern« der kollektiven Führung gefeiert – ein paar Jahre danach aber war Xi Jinping der »Steuermann«, der »Volks-« und »Weltenführer«. Musiker komponieren ihm Lieder, Parteikader machen Pilgerfahrten zu einem Baum, den er einst pflanzte, christliche Bauern in einem Ort in der Provinz Jiangxi wurden dazu verdonnert, sein Porträt an die Stelle ihres Jesusbildes zu hängen. Seine Essaybände übers Regieren werden von der Staatspresse millionenfach gedruckt und in alle Welt versandt, und die staatlichen Abendnachrichten senden auch mal vier Minuten Applaus, ungeschnitten, für den großen Vorsitzenden.

Und obwohl Xi Jinping in seinen ersten Jahren zwar als genialer Machtstratege, nicht aber als großer Philosoph auffiel, nahm ihn die Partei mit seinem »Xi-Jinping-Denken über den Sozialismus chinesischer Prägung in der neuen Ära« auf in den Tempel ihrer wichtigsten Denker. Ein paar Monate später ging das Xi-Jinping-Denken dann auch in Chinas Landesverfassung ein. Xi ist der erste Führer seit Mao, dem diese Ehre zu Lebzeiten widerfährt. In der Praxis heißt das: Xi Jinping ist bis an sein Lebensende unangreifbar. Wer Xi kritisiert, macht sich automatisch zum Feind der Partei und der Verfassung. Und wo Mao seine kleine rote Mao-Bibel hatte, hat Xi Jinping seine kleine rote App.

»Xi studieren, das Land stark machen« heißt die App, und sie war, wie sich das gehört, kurz nach ihrem Erscheinen im Januar 2019 die am häufigsten heruntergeladene kostenlose App des Landes – vor WeChat und vor dem weltweit populären Kurzvideodienst TikTok. Parteimitglieder finden in der

App nicht nur die neuesten Reden und Gedanken des Vorsitzenden, sie können die Parteipresse studieren, marxistische Klassiker und revolutionäre Filme herunterladen, sie können miteinander chatten und einander rote Umschläge mit Geldgeschenken schicken. Vor allem aber können sie – das ist die Killerapplikation – Punkte sammeln: Für jeden Essay aus der Feder Xis, den einer liest, gibt es einen Punkt, ebenso für jedes Video, das einer ansieht. Das Zehnfache an Punkten kann man sammeln, wenn man sich dreißig Minuten »Xi-Zeit« (so heißt eine Rubrik) gönnt oder aber ein Xi-Quiz korrekt beantwortet. Parteiorganisationen überall im Land veranstalten Wettbewerbe mit der App, bei denen sich die Funktionäre in ihrem Studieneifer und in ihrer Hingabe gegenseitig übertreffen müssen.

Und dennoch ist Xi Jinping kein neuer Mao Zedong. Wenn man denn einen Weltenführer suchte, der Mao ähnelte – es müsste einer sein mit Hang zum polemischen Exzess wie zur xenophoben Paranoia, ein erratischer, machthungriger Egomane mit zutiefst autoritären Zügen. Ein sprunghafter und unberechenbarer Regent, der nicht bloß die althergebrachte Ordnung stürzen möchte, sondern dazu auch noch das Establishment in der eigenen Partei beiseitefegt. Ein Autodidakt, der allem, was nach Bildung und Expertentum riecht, mit Misstrauen, ja, mit Verachtung begegnet. Einer, der versucht, die traditionellen Medien zu umgehen und sich direkt ans Volk zu wenden. Einer, der anfällig ist für Verschwörungstheorien wie für rhetorischen Bombast. Einer, der echte und eingebildete Gegner mit gnadenloser Rachsucht verfolgt.

Einer also wie Donald Trump.

Vor mehr als zweitausend Jahren legten sich in China die jeweils neuen Kaiser Regierungsdevisen zu, denen man die Jahre zuordnete (»im dritten Jahr der Devise ›Leuchtender Weg‹«). Seit Deng Xiaoping sieht es auch jeder neue KP-Führer als seine Pflicht an, seine Regentschaft mit einem Schlagwort zu versehen. Generalsekretär Xi Jinping trat an mit dem »chinesischen Traum«, *zhongguo meng*. Der chinesische Traum, das muss man KP-Chef Xi Jinping zugutehalten, ist als Slogan keine schlechte Wahl, es ist der erste seit Jahrzehnten, unter dem sich Chinas Bürger tatsächlich etwas vorstellen können, wenn auch vielleicht nicht alle sich das vorstellen mögen, was die Führung gerne hätte. Xis Vorgänger hatten es dem Volk mit ihren gedanklich wie sprachlich verschwurbelten »drei Vertretungen« (Jiang Zemin) oder mit der »wissenschaftlichen Entwicklungsanschauung« (Hu Jintao) da nicht so leicht gemacht.

Ein Zufall ist es nicht, dass Chinas Mächtige den »chinesischen Traum« lancieren, jetzt, da sie den Ehrgeiz haben, die USA einzuholen. Es ist der Gegenentwurf zum American Dream: dort die freie Entfaltung des glück- und profitsuchenden Individuums, hier das gehorsame Kollektiv, das sein Streben der Stärke des Landes unterordnet. Neu ist der Traum nicht. Die »große Wiedergeburt der chinesischen Nation«, sie treibt die Eliten um seit dem ersten Zusammenprall mit dem technologisch überlegenen Westen vor nun bald zweihundert Jahren. Die Anomalie in der Menschheitsgeschichte waren schließlich eher die letzten einenhalb Jahrhunderte eines schwachen und oft gedemütigten China – über einen großen Teil der vergangenen zwei Jahrtausende hinweg war China die kulturell und wirtschaftlich mächtigste Nation der Erde. Und Xi Jinping macht immer wieder klar, dass er seine Herrschaft in einer Linie sieht mit den großen Zeiten alter Dynastien.

Die große Frage ist: Wie genau will China da wieder hinkommen, auf den Thron alter Größe? Mit Blick auf China wird oft debattiert, ob der Aufstieg neuer Mächte nun unbedingt mit solchen Erschütterungen verlaufen muss wie der des deutschen Kaiserreiches, der am Ende in den Ersten Weltkrieg mündete. China gab sich lange viel Mühe, solch apokalyptische Szenarien zu entkräften. Deng Xiaopings Wirtschaftswunder wurde drei Jahrzehnte lang begleitet von außenpolitischer Vorsicht und Passivität. Das Motto dieser Periode hieß *taoguang yanghui*, »die Kapazitäten verstecken und auf Zeit spielen«. Xi Jinping hat Schluss gemacht mit dieser Zurückhaltung und verkündet, China wolle nun wieder »ins Zentrum der Welt« marschieren.

In der ersten Zeit nach Xis Amtsantritt im November 2012 stieß der Slogan noch auf Kritik und Spott. Damals war Chinas Internet noch nicht gezähmt, Und die Leute wetteiferten darin, einander ihren jeweils eigenen Traum vorzustellen: Respekt, Gerechtigkeit, soziale Sicherheit, eine gute Schule für die Kinder, solche Dinge. Die mutigen Redakteure der damals noch liberalen Zeitung *Südliches Wochenende* bereiteten zum Jahreswechsel 2013 einen Neujahrskommentar vor mit dem Titel: »Chinas Traum ist der Traum von der Regierung nach der Verfassung.« Der Text verlangte von den Regierenden nichts anderes als den Respekt vor der eigenen Verfassung.

In China ist das ein ziemlich subversives Verlangen, denn in Chinas Verfassung, Artikel 35, stehen tatsächlich Dinge wie das Recht auf freie Rede, freie Presse und Demonstration.

Papier allerdings ist in China noch geduldiger als anderswo, und in Wirklichkeit gilt von all den schönen Verfassungsartikeln nur Artikel 1: »Die Volksrepublik China ist ein sozialistischer Staat unter der demokratischen Diktatur des Volkes.« Und: »Die Sabotage des sozialistischen Systems ist jeder Organisation oder jedem Individuum verboten.« Die Sabotage des sozialistischen Systems ist auch und gerade der eigenen Verfassung – siehe Artikel 35 – verboten. Was in den Jahren und Monaten vor Xi Jinpings Amtsantritt immer weniger Bürger gut fanden. Und so schrieb der tapfere Leitartikler des *Südlichen Wochenendes*, eine Nation werde nur dann wirklich stark, wenn die Macht der Regierung Grenzen hat und wenn die Menschen es wagen, frei zu reden. Der Zensor strich das alles, füllte den Platz mit Zitaten von KP-Chef Xi Jinping und titelte: »Noch nie waren wir unserem Traum so nah.« Wenig später wurden die leitenden Redakteure allesamt entlassen, heute existiert das *Südliche Wochenende*, das eine Zeit lang die beste Zeitung Chinas war, nur noch dem Namen nach. Sie ist gleichgeschaltet wie alle anderen Zeitungen auch.

Unter Xi ersetzt die Partei strukturelle Reformen durch Pathos und Rhetorik. Er verspricht den Armen und der Mittelschicht ein besseres Leben – weil er aber um die große Unzufriedenheit und die vielen Zukurzgekommenen weiß, schenkt er seinem Volk dazu die Aussicht auf die Teilhabe am chinesischen Traum einer starken Nation. Der chinesische Traum, der wachsende Nationalismus und die Rhetorik der Einheit – damit versucht die Partei auch auf die extreme Spaltung der chinesischen Gesellschaft in Arm und Reich zu reagieren. Xi und seine Leute sagen: Nur die KP kann China stark machen, nur die KP weiß, was für das Land gut ist. Sie ist der Hüter des Traumes und streut den Menschen Sand in die Augen.

20

Warum will China Fußballweltmeister werden?

Weil dann der »chinesische Traum« erst Wirklichkeit ist. Weil dann die ganze Welt applaudiert. Weil dann alle sehen, dass China wahrhaftig eine große Nation ist.

Das stolze China. Weltmacht schon jetzt. Nummer eins vielleicht bald. Die zweitgrößte Volkswirtschaft der Erde ist China längst, Deutschland und Japan hat das Land vor Jahren schon überholt, die USA sind als Nächste dran. China zählt die meisten Baukräne der Welt, die meisten Wolkenkratzer, die meisten Smartphones, bald auch die meisten Milliardäre. China schickt Menschen ins Weltall und Raumsonden auf den Mond. Bloß den Ball nicht ins Tor. So lange aber, finden nicht wenige im Land, zählt alles andere nicht.

Kann doch nicht sein, sagen die Chinesen, dass wir unter 1,3 Milliarden nicht elf finden, die den Ball ins Tor bringen. Kann doch nicht sein, dass wir wieder mal gegen Thailand verloren, wieder mal nur unentschieden gegen Hongkong gespielt, wieder mal die Qualifikation für eine WM verpasst haben. Die Agonie ist die Konstante im Leben von Chinas Fußballfans. Und ihr siamesischer Zwilling: die Hoffnung, die ewige, wider alle Einsicht.

Solange aber das mit dem Fußball nicht klappt, leben wir, wie der Chefredakteur einer Guangzhouer Fußballzeitung meint, »in der miserabelsten aller Zeiten«. Solange lässt sich die Geschichte dieses Landes als »epische Tragödie« erzählen, wie Xu Guoqi, Historiker an der Universität Hongkong, schon vor mehr als einem Jahrzehnt schrieb. Denn: »Wenn es um unseren geliebten Fußball geht, dann ist China nicht nur der kranke Mann Asiens, es ist der kranke Mann der Welt.« Und weil kranke Männer auch in China die volle Aufmerksamkeit fordern, werden derweil die Erfolge von Chinas Frauenfußballerinnen kaum wahrgenommen.

»China ist ein schlafender Gigant«, sagte angeblich Napoleon Bonaparte beim Studium einer Weltkarte im Jahr 1803. »China ist ein schlafender Gigant«, sagte tatsächlich Berti Vogts im Gespräch mit chinesischen Journalisten im Jahr 2015. Vielleicht aber auch, im Fußball, ein gigantischer Schläfer. Zeit für einen Weckruf, fanden die Herren des Politbüros höchstpersönlich, damals, am 23. Februar 2015.

An jenem denkwürdigen Tag trat im hermetisch abgeschlossenen *Zhongnanhai*, dem Herzen des Reiches, unter dem Vorsitz des KP-Generalsekretärs und Staatspräsidenten Xi Jinping die Zentrale Führungsgruppe für Reform zusammen, neben Xi sind auch der Premier Li Keqiang und zwei andere Mitglieder des Ständigen Ausschusses des Politbüros dabei. Die mächtigsten Männer Chinas. Das Thema der zunächst geheimen Sitzung: der »chinesische Traum«. An diesem Februartag wurde der Regent konkret. Er befahl, so meldete es die amtliche Nachrichtenagentur Xinhua hernach, »die Wiederbelebung des chinesischen Fußballs«. Die Xinhua-Meldung ließ keinen Zweifel an der Dringlichkeit der Aufgabe, sie belegte auf nur wenigen Zeilen den Zustand der Fußballnationalmannschaft mit den Attributen »enttäuschend«, »kaputt«, »demütigend« und »nationale Schmach«. Ihr Reformgelöbnis, ließen die Herrscher Chinas wissen, entspringe dem »verzweifelten Sehnen des Volkes«, Widerstände würden nun »hinweggefegt«.

Ein fünfzig Punkte langer Aktionsplan wurde verabschiedet. Seither klotzt der Staat. Sechstausend Trainer wurden noch im ersten Jahr ausgebildet. Zwanzigtausend Grund- und

Mittelschulen wurden allein in den ersten zwei Jahren Fußballschwerpunktschulen, Schülerligen wurden gegründet. Gute Fußballspieler werden in Zukunft bei der Hochschulaufnahmeprüfung bevorzugt. Die größte Fußballschule der Welt, die Evergrande Academy, architektonisch eine Kreuzung aus dem Hogwarts-Internat Harry Potters und dem Versailles König Ludwigs XIV., steht schon längst in Guangdong. Zehntausend Schüler sollen hier einmal lernen. Es ist eine private Schule, aber wenn man den Direktor fragt, dann hat auch sie eine Mission: die Rettung der Nation. So will es der Herr: Parteichef Xi Jinping ist Fußballfan. Schon bevor er der starke Mann Chinas wurde, gab Xi einmal seine drei sehnlichsten Wünsche zu Protokoll: Erstens soll China die Qualifikation zu einer Fußball-WM schaffen. Zweitens die WM ins eigene Land holen. Und drittens Weltmeister werden.

Wie den Buchdruck und das Schießpulver hat China auch den Fußball erfunden, eine Variante jedenfalls, vor mehr als zweitausend Jahren in der Han-Dynastie, sie nannten das Spiel *Cuju*. Vom Gründungskaiser Taizu der Song-Dynastie (960–1279) gibt es ein Gemälde, das ihn kickend inmitten seiner Berater zeigt. Nach Gründung der Volksrepublik 1949 aber war es, als läge ein Fluch auf Chinas Spiel. Dabei soll Mao Zedong selbst als Schüler einmal Torwart gewesen sein, natürlich ein »herausragender«, wie eine offizielle Biografie vermeldet. Und sein Nachfolger Deng Xiaoping wurde als junger Austauscharbeiter im Frankreich der 1920er-Jahre zum Fan, das ist verbürgt. Kurz nach der Machtergreifung durch seine Kommunisten zu Hause marschierte Deng zur eben neu gegründeten Nationalmannschaft und gab seiner Zuversicht Ausdruck, wonach das Team »schnellstmöglich« die Nation begeistern werde. Das war 1952, seither harrt die Nation.

Einmal, ein einziges Mal, nahm China an einer WM teil, 2002 war das, als die WM in Korea und Japan stattfand. Sie schossen dann in drei Spielen kein einziges Tor. »Tränen von Seoul« hieß danach ein Gericht in einem Lokal in der Nähe des Pekinger Arbeiterstadions: kalte Entenfüße, eingelegt in Senf, so scharf, dass einem das Heulen kam. Da mag China sich Berge von olympischen Goldmedaillen erlaufen, erschmettern, erstemmen, erspringen, erturnen und ertanzen, die Chinesen gäben das alles hin, liefe ihre Fußballmannschaft einmal, nur ein einziges Mal, bei einer Weltmeisterschaft auf, und sie müssten sich nicht schämen.

Fußball ist der einzige wirklich globale Massensport. Die Leidenschaft, die Olympia hervorbringt, ist verglichen damit ein Abglanz. Ist es ein Wunder, dass das konstante Scheitern der Chinesen all jene Unsicherheit, jene Ohnmacht und jenen Zorn zum Vorschein bringt, die unter dem Firnis des neuen Selbstbewusstseins weiter an ihnen nagen? China ist eine auserwählte Nation, in dem Bewusstsein wird hier jedes Kind großgezogen. Doch die eigene Physis, die eigene Kultur, das regierende System – alles wird, vom Fußball ausgehend, in China permanent hinterfragt. Li Chengpeng, einer der bekanntesten liberalen Autoren des Landes, war lange Fußballjournalist. »Ich tat so, als schriebe ich über Fußball«, sagte er mir einmal. »In Wirklichkeit schrieb ich über Politik.«

Liberale wie Li Chengpeng verwiesen wieder und wieder auf die fehlende Gewaltenteilung zwischen Verband und Politik, die haarsträubende Korruption in Liga und Nationalmannschaft – kein Wunder, dass das nicht klappe mit dem Fußball. Dass der chinesische Fußballverband von Anfang an ein Befehlsempfänger der Politik war, ein Anhängsel des Sportministeriums, war ein Grundübel. Dass die Profiliga 1994 auf ein Dekret der Regierung hin gegründet und dann erst einmal an mächtige Staatsunternehmen verscherbelt wurde, machte die Sache nicht besser. »Chinas Fußball kam schon als deformierter Fötus zur Welt«, schrieb die Pekinger *Rechtszeitung*.

Korruption war früh ein Problem. 2003 wurde die Liga aufgelöst und neu gegründet – die Hälfte aller Spiele war nachweislich manipuliert worden.

Mittlerweile wurde der Fußballverband reformiert, chinesische Unternehmer winken mit vielen Millionen und holen für ihre Clubs europäische und südamerikanische Fußballstars ins Land: Torhüter, Stürmer, Trainer. Bis 2030 wollen sie so in Asien an die Spitze, endlich auch einmal gegen die alten Rivalen Südkorea oder Japan gewinnen, und bis 2049 dann an die Weltspitze. Warum ausgerechnet 2049? Dann feiert die Volksrepublik ihren 100. Geburtstag.

21

Was macht Hongkong zu Hongkong?

Bald ist Halbzeit. So schnell schon? Mehr als zwanzig Jahre ist das nun her, dass alle, die auf Hongkonger Boden standen, plötzlich in China waren. Von einer Sekunde zur anderen waren die Gäste die Herrscher und die Herrscher nur noch Gäste, die sich nach hundertsechsundfünfzig Jahren schnell davonmachten auf der königlichen Jacht *Britannia*. Mit dem britischen Empire war es an jenem 1. Juli 1997 um Mitternacht nun wirklich vorbei, und die Kronkolonie Hongkong war wiedergeboren als Sonderverwaltungszone der Volksrepublik China. Hongkong war nun China und sollte doch, so das Versprechen Pekings, noch fünfzig Jahre lang Hongkong bleiben dürfen.

Manche Dinge aber ändern sich nie. Und so bringen die Hongkonger noch immer ihre Besucher zum Staunen, die vom Norden her, aus dem großen China, über die Grenze strömen und sich längst daran gewöhnt haben, die Stadt als eine der ihren für selbstverständlich zu nehmen. Noch immer fahren die Hongkonger auf der linken Straßenseite Auto, und noch immer bleiben sie stehen, wenn die Ampel auf Rot schaltet. Und noch immer kennen sie in dieser Stadt keinen angenehmeren Zeitvertreib als den, die Familie zum *Yum cha* auszuführen, also zum »Teetrinken«, was eine euphemistische Umschreibung dafür ist, dass alle sich die Bäuche vollschlagen mit *Dim sum*, also abtauchen in einer Welt voller auf wundersame Weise gefüllter und gedämpfter und frittierter Teigtäschlein.

Die Hongkonger Justiz fällt noch immer Urteile, die der Regierung große Bauchschmerzen bereiten. Hongkonger Fußballfans buhen im Chor, wenn im Stadion die chinesische Nationalhymne gespielt wird, und singen seit den jüngsten Demonstrationen ihr eigenes Lied: »The Glory of Hongkong«. Und jedes Jahr Anfang Juni sind im Victoria-Park im Herzen der Stadt Dinge zu beobachten, die im Rest Chinas unvorstellbar wären: Da versammeln sich mal hunderttausend, mal zweihunderttausend Hongkonger zum jährlichen Gedenken an das Massaker vom Tiananmenplatz. Bis heute ist dieses Gedenken ein Kern dessen, was Hongkong ausmacht. Überall sonst erzwingt Chinas KP das kollektive Vergessen, Hongkong ist der einzige Flecken chinesischen Territoriums, wo der Toten in großen Kundgebungen gedacht wird.

»Ein Land, zwei Systeme«, so hieß der Slogan, den China 1997 erfand. Die KP wollte damit nicht nur den Briten helfen, ihr schlechtes Gewissen zu verscheuchen, vor allem wollte sie die Taiwaner beeindrucken: Taiwan war von Anfang an der Hauptpreis, Hongkong sollte immer nur die Vorspeise sein. Damit sie ruhig schliefen, die Hongkonger, und um der Welt zu zeigen, wie ernst man es meinte, schenkte China den Hongkongern ein »Basic Law«, ein Grundgesetz, das die Stadt als »unveräußerlichen Teil« der Volksrepublik beschreibt, das ihnen aber auch ihre lieb gewonnenen alten Freiheiten garantierte, ein halbes Jahrhundert lang. Und das ihnen gar neue Freiheiten versprach: die freie und direkte Wahl des Chief Executive zum Beispiel, des Hongkonger Regierungschefs. Etwas, das die Briten den Hongkongern stets vorenthielten.

1997 schienen fünfzig Jahre eine lange Zeit zu sein. Heute erschrecken viele Hongkonger, wie nahe der Termin schon gerückt ist. Und wie wenig all die Versprechen wert sind, die China ihnen gemacht hat. Wenn 7,3 Millionen Menschen einen neuen Regierungschef bekommen und, wie beim letzten Mal, nur elfhundertvierundneunzig von ihnen wählen dürfen, nämlich die Wahlmänner und -frauen in einem weitgehend von China handverlesenen Gremium, kann man das dann überhaupt eine Wahl nennen? Viele Hongkonger finden: nein, nicht wirklich. Dass Chinas KP die Regierung der Stadt vor allem den ihr verpflichteten Immobilientycoonen überlassen hat, hat ihr nicht gutgetan. Die Kluft zwischen Arm und Reich ist die größte in Asien, die Wohnungspreise sind explodiert, die Gehälter stagniert. »Es ist beschissen, jung zu sein in Hongkong«, sagte mir Nathan Law einmal, einer der Studentenführer der Regenschirmrebellion von 2014.

Sie fühlen sich miserabel regiert, die Hongkonger. Das ist das eine. Sie sehen, wie China die Stadt immer näher an sich heranzieht, lange vor 2047. Und sie sehen eine Verbindung zwischen beidem. KP-freundliche Unternehmer haben mittlerweile fast sämtliche Zeitungen der Stadt gekauft, kritische Journalisten wurden gefeuert, unabhängige Webportale wurden eingeschüchtert und gaben auf. Ein großer Schock war die Entführung von fünf Hongkonger Buchhändlern und Verlegern durch chinesische Sicherheitsbeamte. Einer von ihnen war offenbar auf Hongkonger Territorium gekidnappt worden, ein anderer wurde aus seinem Apartment in Thailand verschleppt. Die Hongkonger sehen ihre Freiheiten bedroht, ihre Werte, jeden Tag ein Stückchen mehr.

Es ist etwas geschehen, in den Jahren nach 1997, was so keiner vorhergesehen hatte. Hongkong war früher immer eine Flüchtlingsstadt gewesen, ein Durchgangsort. Just in dem Moment aber, da China die Herrschaft übernahm, wurde es vielen zur Heimat. Die Bürger der Stadt, die einst von sich sagten, sie lebten hier in geliehener Zeit an einem geliehenen Ort, fanden zu sich selbst, machten Hongkong zu ihrer Heimat. Und je chinesischer die Stadt regiert wurde, umso stärker bangten die Hongkonger um diese Heimat. Als eine

Umfrage im Juli 2019 danach fragte, ob sie stolze Chinesen seien, antworteten 71 Prozent mit Nein. Bei den unter 29-Jährigen waren es 90 Prozent. Peking hat sich durch seine Politik der Einmischung und der Drohungen eine ganze Generation zu Fremden gemacht. Damals, 1997, beschrieben die aus aller Welt angereisten Kommentatoren die braven Hongkonger als ultrapragmatische, apolitische Wesen, einzig um ihr materielles Wohl besorgt. Später dann überraschten die Hongkonger alle mit ihrem Bürgersinn, ihrem Engagement, ihrer Leidenschaft für eine bessere Zukunft, die im zivilen Ungehorsam der Regenschirmbewegung vom Sommer 2014 und den Massendemonstrationen von 2019 kulminierten.

Auch zwischen den beiden Bewegungen ist etwas geschehen. Die Demonstrationen 2014 wurzelten in Hoffnung: Die Menschen glaubten, Peking dazu bewegen zu können, sein Versprechen über die direkte Wahl des Hongkonger Regierungschefs einzulösen. Dass dann die Herrschenden all ihre Forderungen, all ihre Klagen und all ihren Frust schulterzuckend an sich abprallen ließen, dass die Einmischung Chinas in der Folge noch unverhohlener wurde, das bereitete den Boden für die Proteste von 2019. Da war dann längst kaum mehr Hoffnung. Die Proteste waren geboren aus Verzweiflung über eine Regierung, die sich nicht ihren Bürgern verpflichtet fühlt, sondern den Herren in Peking.

Aber welche Macht da auf die Straße ging: Zwei Millionen Hongkonger marschierten an einem Sonntag durch ihre Stadt, fast jeder Dritte also. Ohne Illusionen Peking gegenüber, dafür voller Zorn und voller Entschlossenheit. »If we burn, you burn with us«, konnte man im tränengasgeschwängerten Sommer und Herbst 2019 auf Hongkongs Straßen und Wände gesprüht lesen – ein Kampfruf der Rebellen aus der *Hunger-Games*-Filmreihe, den sich die Demonstranten geborgt hatten.

Bis zum Jahr 2047 sind es noch siebenundzwanzig Jahre. Vielleicht aber kommt das Ende ja viel schneller, dann könnte es schon morgen geschehen sein um Hongkong. Wenn es dann tatsächlich nur mehr eine chinesische Stadt unter vielen wäre, wieso sollte die Welt das kümmern? »Weil es nicht nur um die 7,3 Millionen Hongkonger geht«, sagt Anson Chan, die in Shanghai geborene ehemalige Verwaltungschefin der Stadt, die sie hier Eiserne Lady nennen. Letztlich gehe es um das in die Welt strebende China. Anson Chan ist inzwischen achtzig, aber sie reist noch viel: nach London, Washington, Berlin. »Wenn ihr eure grundlegenden Werte hier nicht verteidigt, weil ihr denkt, Profite seien wichtiger, dann seid ihr selbst schuld, wenn ihr eines Tages aufwacht und bemerkt, dass eure Werte sich denen der KP Chinas untergeordnet haben.«

»Wenn wir brennen, dann brennt ihr mit uns!« Der Kampfruf der Demonstranten, er ist nicht nur an die KP gerichtet, sondern auch an die Welt: Wenn ihr die Freiheit hier in Flammen aufgehen lasst, dann gnade auch euch Gott.

22

Xinjiang (»neue Grenze«) ist Chinas Wilder Westen, eine Region, die das Kaiserreich über zwei Jahrtausende immer wieder mal erobert und besetzt hielt, die ihm eine Brücke nach Zentralasien war, ein wichtiger Teil der Seidenstraße, und die ihm doch stets fremd blieb. Heute ist Xinjiang offiziell – wie Tibet auch – eine »Autonome Region«. Vor allem aber ist Xinjiang Heimat des wohl größten Lagersystems der Welt und das Labor für Chinas neuen Hightech-Überwachungsstaat. Innerhalb von wenig mehr als einem Jahr baute die Regierung von 2017 an ein Netz von Umerziehungslagern, in denen wohl mehr als eine Million Menschen verschwanden. Uiguren zumeist, Kasachen und Kirgisen, die eines gemeinsam haben: Sie sind Muslime und gehören jenen islamischen Bevölkerungsgruppen an, die die Region ihre Heimat nannten, lange bevor Peking begann, systematisch Han-Chinesen aus dem Rest des Landes dort anzusiedeln.

Xinjiang ist eine öl- und gasreiche Provinz. In Chinas strategischem Plan einer »Neuen Seidenstraße« spielt sie eine zentrale Rolle. In den vergangenen Jahren aber haben sowohl die Repression der Regierung als auch die Spannungen zwischen den muslimischen Völkern und den Han-Chinesen zugenommen. In Chinas Staatsmedien wird Xinjiang kaum noch erwähnt ohne den »Kampf gegen Terror und Extremismus«. Tatsächlich gab es Anschläge wie den von 2014, als uigurische Angreifer in der Stadt Kunming einunddreißig Menschen erstachen. Gleichzeitig beklagen Menschenrechtsorganisationen wie Human Rights Watch schon seit Jahren, die Pekinger Regierung definiere als eine der »drei bösen Kräfte Separatismus, Terrorismus und Extremismus« längst nicht mehr nur radikale Unabhängigkeitsbestrebungen, sondern mittlerweile jede Art des »Ausdrucks einer uigurischen Identität, inklusive in Sprache, Kultur und Religion«.

Xinjiang ist aus Sicht der Behörden schon lange eine Unruheprovinz. Kampagnen »gegen Extremismus« laufen dort seit vielen Jahren. Um unter politischen Extremismusverdacht zu geraten, reicht es in Xinjiang allerdings schon, als Muslim im Ramadan zu fasten, seinem Kind einen muslimischen Namen zu geben oder den Genuss von Alkohol zu verwehren. Der Parteichef eines Dorfes bei Hotan verlor im März 2017 seinen Job, weil er, so die Parteipresse, »sich nicht traute, in Gegenwart religiöser Personen zu rauchen«.

Die Verwandlung Xinjiangs in einen Polizei- und Lagerstaat hat viel zu tun mit Chen Quanguo, dem KP-Sekretär, der zuvor mit der Befriedung der buddhistischen Region Lhasa und Tibet beauftragt war, bevor er 2016 nach Xinjiang versetzt wurde. Unter Chen entschied die Partei offenbar, dass es nichts weniger als die Umerziehung eines ganzen Volkes braucht, um »Harmonie« in Xinjiang einziehen zu lassen. Kurz nach Chens Amtsantritt begann die Partei Hunderttausende Parteikader in die Heime uigurischer Familien zu schicken, wo sie mehrere Tage im Monat mit den Uiguren unter einem Dach leben und in ihren Betten schlafen. Die Kader lehren ihre Gastfamilien Chinesisch, die Liebe zu Parteichef Xi Jinping und das Übel der Religion. Sie singen mit ihnen gemeinsam die Nationalhymne – und liefern anschließend Berichte ab über politisch unzuverlässige oder allzu fromme Familienmitglieder, die zum Beispiel den Koran zu Hause stehen haben. »Wir schauten hinter den Vorhang und merzten die Tumore aus«, meldete ein Team nach der Rückkehr aus einem uigurischen Dorf. Viele der so Denunzierten landen offenbar in den neuen Lagern. Potenzieller Häftling ist jeder, der aus Sicht der Partei zu fromm ist. Oft reicht es, dass einer einen Bart trägt, auf ausländischen Webseiten surft oder Familienangehörige außerhalb Chinas hat. Ein Telefonat mit dem Ausland reicht oft schon für die Einweisung ins Lager.

Anfangs bestritt die chinesische Regierung die Existenz der Lager. Später gab sie sie zu, nannte sie aber »Berufsschulen« oder »Ausbildungszentren«. Außenminister Wang Yi pries diese »Schulen« bei einer Veranstaltung während eines UN-Gipfels als Heilmittel gegen Terrorismus: »In den letzten drei Jahren hatten wir nicht einen Terrorakt«, sagte der Minister. »Die Erziehungs- und Ausbildungszentren helfen den Menschen, sich von Terrorismus und Extremismus loszusagen und sich nützliche Fähigkeiten anzueignen.« Wenige Wochen nach dieser Aussage veröffentlichte Radio Free Asia einen Bericht, in dem erstmals ein chinesischer Beamter ein Massensterben in einem der Lager bestätigte: Der Polizeibeamte des Landkreises Kuchar sagte dem Sender, dass in Lager Nummer eins, zehn Kilometer außerhalb der Stadt Kuchar, allein in der zweiten Jahreshälfte 2018, während er selbst dort Dienst tat, einhundertfünfzig Menschen gestorben seien. Die Veröffentlichung der »China Cables« durch das International Consortium of Investigative Journalists ICIJ im November 2019 bewies allerdings endgültig die größte Internierung einer ethnisch-religiösen Minderheit seit der Nazi-Zeit. Dem ICIJ waren geheime Dokumente der Behörden in Xinjiang zugespielt worden, die die mit Stacheldraht und Wachtürmen gesicherten »Schulen« im Detail beschrieben als abgeriegelte, streng bewachte und auf politische Indoktrinierung ausgerichtete Lager. Türen seien des Nachts »doppelt zu verschließen«, heißt es da, die Videoüberwachung müsse »vollständig und frei von toten Winkeln sein«: »Es dürfen auf keinen Fall

Ausbrüche passieren«. Die Dokumente sprechen von »Züchtigungen und Strafen« und enthüllen, dass alle Insassen mindestens ein Jahr lang in den Lagern gefangen zu halten sind. Alle werden nach einem Punktesystem bewertet, Pluspunkte gibt es für »ideologische Transformation«, zu viele Minuspunkte verlängern automatisch die Haft. Aufgabe der Umerziehung, heißt es in einem Regierungsdokument, sei es, »die Gehirne zu waschen und die Herzen zu reinigen, das Rechte zu fördern und das Böse auszumerzen«.

Der deutsche Xinjiang-Forscher Adrian Zenz nennt die Situation in Xinjiang »die Hightech-Variante der Kulturrevolution«. Für Chinas Behörden gehe es um die »endgültige Lösung der Uigurenfrage«. Auch die Uiguren sollen zu neuen Menschen erzogen werden, sollen in ihrem Denken, ihrem Sprechen und Verhalten chinesischer werden. Freigelassene Insassen berichten, wie sie jeden Morgen zu Nationalhymne und Fahnenappell aufwachten. Sie seien über ihre rückständige Kultur und »gefährliche« Religion sowie über die »Befreiung« ihres Volkes durch die KP belehrt worden und mussten vor den anderen Insassen Selbstkritik üben. Manche berichten von Misshandlungen. Vor allem sollten sie der Religion abschwören. Die Jugendliga der KP Xinjiangs vergleicht in einem Podcast Frömmigkeit ganz generell mit einer »infektiösen Krankheit«: »Ideologische Krankheiten sind wie körperliche Krankheiten. Man muss sie rechtzeitig behandeln.«

Essen gab es in den beschriebenen Lagern erst, nachdem alle im Chor gerufen hatten: »Dank der Partei! Dank dem Vaterland! Dank Xi Jinping!« Aber auch das Leben außerhalb der Lager ist derart von Restriktionen begleitet, dass Beobachter die ganze Provinz als riesiges Freiluftgefängnis beschreiben. Ein Freiluftlabor zudem, in dem der Sicherheitsapparat all jene neuen Technologien ausprobiert, die ihm die Hightech-Konzerne und KI-Start-ups an die Hand geben.

So werden etwa sämtliche Autos vom Staat per GPS überwacht, Benzin bekommt nur, wer zuvor an der Tankstelle sein Gesicht scannen lässt. In manchen Orten schlagen Kameras Alarm, wenn ein Bürger eine ihm von der Polizei vorgeschriebene Sicherheitszone verlässt. Die Sicherheitsbehörden haben in den letzten Jahren die biometrischen Daten von vielen Millionen Bewohnern Xinjiangs gesammelt: Irisscans, Fingerabdrücke, DNA, Letzteres mithilfe der Technik von US-amerikanischen Firmen. An Straßensperren werden die Handys überprüft, die Daten gespeichert und eine App aufgespielt, die den Behörden automatisch meldet, wenn verbotene Videos angesehen oder religiöse Texte gelesen werden. Wie die *Süddeutsche Zeitung* und die *New York Times* im Sommer 2019 enthüllten, wird auch Ausländern, die über Land nach Xinjiang einreisen, heimlich eine solche App aufs Handy installiert. Gechattet werden darf nur noch per WeChat, von der Stasi nicht kontrollierbare Dienste wie WhatsApp sind illegal.

Peking holt die wichtigen Hightech-Konzerne und Start-ups mit eigenen Filialen nach Xinjiang. In der Provinzhauptstadt Urumqi etwa heißt man sie willkommen als »neue Soldaten« im Kampf »um ein friedliches Xinjiang«. Die örtlichen Behörden richten ihnen Industrieparks ein und verpflichten sie zur Kooperation mit einem »Innovationslabor für smarte Sicherheitsindustrie«. Erklärtes Ziel ist nicht nur die Erprobung all der futuristischen Überwachungstechnologie an einem ganzen Volk, am Ende soll die Technologie auch exportiert werden, etwa in die Partnerländer beim Projekt der »Neuen Seidenstraße«. Schließlich, so erklärt es eine Webseite der Regierung von Urumqi, gebe es auch im Ausland einen wachsenden Markt für »Antiterror- und Stabilitätserhaltungsprodukte«.

Was immer in Xinjiang geschieht, es wird nicht in Xinjiang bleiben.

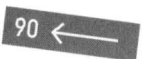

23

Sind Chinesen nicht geschaffen für die Demokratie?

Die Frage bitte einfach an die Hongkonger weiterreichen und an die Taiwaner. Noch besser: selbst nach Hongkong fahren und nach Taiwan.

Hongkong ist allein schon deshalb spannend, weil man dort beobachten kann, wie mehr als sieben Millionen Menschen chinesischer Herkunft denken, fühlen und sprechen, die die KP nicht ihrer Gehirnwäsche unterzogen hat und über die die Instrumente ihrer Willkürherrschaft keine Macht haben. Noch nicht. Genau deshalb ist die Stadt aber auch ein ständiger Stachel im Fleische der KP. Nein, eine Demokratie war Hongkong nie, das haben sich die Briten nie getraut. Die Kolonialherren haben den Hongkongern nie die Demokratie geschenkt, sehr wohl aber ihre wichtigsten Zutaten: den Rechtsstaat, eine unabhängige Justiz und eine unabhängige Presse. Und so lässt sich in dieser Stadt studieren, wie wunderbar das funktioniert, wenn Chinesen sich in Freiheit und Fairness selbst organisieren. Hier gedeiht all jenes Gedankengut, das die KP auszulöschen sucht.

Und Taiwan erst. Ein Volk von dreiundzwanzig Millionen, das vor etwas mehr als drei Jahrzehnten noch unter einer Diktatur lebte, allerdings einer rechtsnationalistischen. Und das seither eine erstaunliche Entwicklung hinter sich hat: die friedliche Verwandlung von der Diktatur in die Demokratie. Und dann gleich die lebendigste Demokratie Asiens. Mit regelmäßigen Machtwechseln, einer quicklebendigen Zivilgesellschaft und einem selbstbewussten Volk, das längst für sich selbst Verantwortung übernommen hat und das in der öffentlichen Arena mit einer Leidenschaft für seine Ziele streitet, die vielen Europäern längst abhandengekommen ist.

Taiwan und Hongkong sind das Letzte, was zwischen der KP und ihrer Behauptung steht, das chinesische Volk sei erstens quasi genetisch und zweitens aufgrund seiner jahrtausendealten Tradition unfähig zur Demokratie. Hongkonger, Taiwaner und Festlandchinesen teilen sich die gleichen schwarzen Haare, die gleichen schwarzen Augen, die gleiche Sprache und: die gleiche Tradition. Tatsächlich sind ausgerechnet Taiwan und Hongkong die beiden Orte, in denen die oft zitierte alte chinesische Tradition zu jeder Zeit weiterleben durfte und gepflegt wurde, ohne – wie in Festlandchina – von der Regierung verdammt, verflucht und in Stücke geschlagen zu werden.

24

Gehört Taiwan zu China?

Die korrekte Frage wäre: Zu welchem China gehört Taiwan? Es gibt nämlich, fast vergessen von der Welt, noch immer mehrere Chinas auf unserem Erdball. Zwei, um genau zu sein: die Volksrepublik China (gegründet 1949) und die Republik China (gegründet 1911). Und beide werden nur von hundertdreißig Kilometern Wasser getrennt: der Meeresenge von Taiwan.

Taiwan. Das ist die kleine Insel, halb so groß wie Bayern, auf Landkarten unten rechts knapp vor dem Bauch Chinas. Von China isoliert, und in der Folge von der Welt vergessen. Nur in China selbst nicht: In der Volksrepublik vergeht kaum ein Tag, an dem nicht die Heimholung Taiwans als heiligste aller Aufgaben beschworen wird. Taiwan ist »das heilige und unabspaltbare Territorium des Vaterlandes«, so steht es in den Schulbüchern.

Dabei leben noch gar nicht so lange Chinesen auf der Insel. Taiwan war über Jahrtausende die Heimat indigener Völker austronesischer Abstammung. Portugiesische Seefahrer gaben ihr den Namen *Ilha Formosa*, die schöne Insel, 1624 besetzte die Niederländische Ostindien-Kompanie für achtunddreißig Jahre den Süden der Insel. Unter den Holländern begannen die ersten Wellen chinesischer Einwanderung vom Festland, vor allem aus der Südostprovinz Fujian. 1683 machte die Mandschu-Dynastie Taiwan erstmals zum Teil des chinesischen Reiches, zuerst als Teil der Provinz Fujian, 1887 dann als eigene Provinz. Taiwan galt aber all die Jahre als schwieriger, exotischer und gefährlicher Ort, eine Insel von Siedlern, Piraten und Ureinwohnern, die allesamt Abstand hielten zum Rest des Kaiserreiches. Die Distanz wuchs, als 1895 die Japaner Taiwan besetzten und bis 1945 die Kolonialherren blieben.

Der Konflikt heute hat seine Wurzeln im chinesischen Bürgerkrieg, den Mao Zedongs Kommunisten 1949 gewannen. Der unterlegene nationalistische Diktator Chiang Kai-shek und sechshunderttausend Soldaten und Beamte seiner Partei Kuomintang (KMT) flohen nach Taiwan, wo sie mit Unterstützung der USA sämtliche Eroberungsversuche der Roten Armee abwehren konnten. Auch unter den alteingesessenen Taiwanern gab es Widerstand gegen die erneute Übernahme ab 1949. Diktator Chiang regierte deshalb mit dem Kriegsrecht und mit Gewalt: Es kam zu Massakern, politische Morde an den Gegnern der Kuomintang waren eine Zeit lang Alltag. Am Ende aber hielt die KMT auf Taiwan ihre 1911 in Peking gegründete Republik China am Leben.

Seither gibt es zwei Chinas und zwischen beiden eine bittere Feindschaft. Für die Taiwaner wurde das außenpolitisch spätestens Ende der 1970er-Jahre zum Problem: 1978 nahmen die USA diplomatische Beziehungen mit Peking auf und mussten im Gegenzug auf Druck der KP ihre Beziehungen mit Taiwan abbrechen. So verlangte es Pekings »Ein-China-Politik«. In den folgenden Jahren und Jahrzehnten folgte fast die komplette Weltgemeinschaft dem Schritt der Amerikaner. Unterhalb der Ebene diplomatischer Beziehungen aber sind die USA weiterhin der wichtigste Alliierte Taiwans und haben der Insel eine Beistandsgarantie für den Fall eines chinesischen Angriffs gegeben. De facto ist Taiwan heute ein unabhängiges Land, für den Fall aber, dass die Taiwaner diese Unabhängigkeit auch offiziell erklären sollten, droht Peking mit einem militärischen Angriff: Derzeit haben in der Taiwan gegenüberliegenden Provinz Fujian Truppen der Volksbefreiungsarmee rund eintausend Kurzstreckenraketen auf Taiwan gerichtet.

In der Weltgemeinschaft ist Taiwan aufgrund des chinesischen Drucks heute der einzigartige Fall einer Demokratie, die fast komplett isoliert ist: Taiwan darf weder Mitglied der Vereinten Nationen noch der Weltgesundheitsorganisation sein; wenn seine Athleten bei den Olympischen Spielen einlaufen, dürfen sie die Flagge ihres Landes nicht zeigen; und ihre Botschaften dürfen sich nicht Botschaften nennen, sondern heißen, wie in Berlin, »Taipeh-Vertretung« oder »Taiwan-Vertretung«.

Die beeindruckende Demokratisierung Taiwans seit Ende der 1980er-Jahre, vor allem aber auch das taiwanische Wirtschaftswunder haben der Insel Aufmerksamkeit und Sympathie eingetragen. Doch mit der wachsenden geostrategischen und wirtschaftlichen Macht der Volksrepublik haben sich die Gewichte verschoben. Wenn Peking, wie 2018 geschehen, internationalen Hotelketten und Fluggesellschaften befiehlt, die Landesnennung »Taiwan« von ihren Webseiten zu entfernen und zu ersetzen durch »Taiwan (China)«, um seinen Anspruch auf die Insel zu demonstrieren, dann beeilen sich alle, dieser Anweisung zu folgen.

KP-Chef Xi Jinping hat klargemacht, dass die Wiedervereinigung mit Taiwan eines seiner obersten Ziele ist. Mehrfach bereits erweckte Xi den Eindruck, er werde derjenige chinesische Führer sein, zu dessen Lebzeiten sie vollendet werde. Für Chinas KP ist es die letzte Rechnung aus dem chinesischen Bürgerkrieg, die noch nicht beglichen ist. Die Taiwaner macht das zusehends nervös.

Die wirtschaftlichen Bande mit der Volksrepublik sind zwar weiterhin eng: Viele taiwanische Fabriken sind schon vor Jahren auf das Festland gezogen, zum Beispiel die riesigen Foxconn-Werke, in denen Hunderttausende Arbeiter Apples iPhones zusammenschrauben. Politisch aber wird mit dem wachsenden Druck Pekings auch die Entfremdung immer größer. In Umfragen identifizieren sich immer weniger Bürger der »Republik China« auf Taiwan als »Chinesen«, eine Mehrheit will sich stattdessen mittlerweile »Taiwaner« nennen.

25

Sind Privatunternehmen in China dasselbe wie bei uns?

Nein, sind sie nicht. Privatunternehmen hatten es nie leicht in der Volksrepublik, auch nicht in den Zeiten von Reform und Öffnung: Die Partei erkannte ihre Notwendigkeit, begegnete ihnen jedoch für gewöhnlich mit Argwohn. Und die Banken – allesamt staatlich – vergaben ihre Kredite nach politischen Vorgaben und bevorzugten stets die großen, oft anachronistisch strukturierten und ineffizient arbeitenden Staatsunternehmen, auch wenn die Gelder dann auf Nimmerwiedersehen verschwanden. Dennoch erreichten private Unternehmer Erstaunliches: Als Xi Jinping 2012 die Macht übernahm, standen sie für die Hälfte aller Investments in China und für drei Viertel der Produktion. Die Privatwirtschaft war längst zum Motor von Chinas Entwicklung und Modernisierung geworden. Das gilt gerade für die Bereiche der Informationstechnologie: Sämtliche Internetgiganten Chinas und fast alle Start-ups in der Künstlichen Intelligenz sind private Unternehmen.

Erfolg aber haben nur die Unternehmer, die sich ihrer heiklen Rolle zu jedem Zeitpunkt bewusst sind. Chinas Geschäftsleute sollen nicht einfach bloß Geld verdienen, sie müssen vor allem »das Vaterland, das Volk und die Kommunistische Partei lieben«. Das sind die Worte von Parteichef Xi Jinping selbst, der den Unternehmern auch ins Stammbuch schreibt, sie sollten »die sozialistischen Kernwerte praktizieren«.

Die Privatunternehmer in der Volksrepublik wissen, dass sie auf Gedeih und Verderb der Gnade und der Willkür der KP ausgeliefert sind. Es überlebt der, der kooperiert; es gedeiht der, der den Allmächtigen huldigt. Und so wetteifern sie in ihrem Lobpreis, die Milliardäre im Land. Etwa Xu Jiayin, Besitzer des größten Baukonzerns Evergrande, wenn er sagt, alles, was er besitze, habe die Partei ihm gegeben. Oder Liu Qiangdong, der Chef des E-Commerce-Riesen JD.com, wenn er schwärmt, der Kommunismus könne »tatsächlich noch in unserer Generation verwirklicht werden«. Oder Jack Ma, Unternehmerlegende und Gründer von Alibaba, wenn er sagt, die KP werde immer »noch toller«. Oder Liang Wengen vom Schwermaschinenhersteller Sany, wenn er schwört, sein Leben gehöre der Partei.

Er hat ja recht: Sein Leben gehört tatsächlich der Partei. Immer wieder landen die Bosse auch größter Konzerne im Gefängnis, für gewöhnlich wegen »Korruption« – eine Anklage, die selten falsch ist, aber zielsicher meist nur die trifft, die politisch in Ungnade gefallen sind. Manche von ihnen verschwinden plötzlich, für ein paar Tage oder Wochen, in den Händen von Agenten und Inspektoren der KP. Wenn sie wiederauftauchen, dann murmeln sie meist, sie hätten der Partei »bei Untersuchungen assistiert«. Die Botschaft ist klar: Die Partei hat es in der Hand, einen jeden – egal wie reich, egal wie berühmt – über Nacht zu vernichten. Die meisten Unternehmer sind übrigens ohnehin selbst KP-Mitglieder: Der erwähnte Evergrande-Boss Xu Jiayin ist in Personalunion gleich auch noch Parteisekretär seines Unternehmens; und Chinas Vorzeigeunternehmer Jack Ma wurde im November 2018 erst von der *Volkszeitung* als langjähriges Parteimitglied geoutet.

Natürlich genießen Privatunternehmen auch in China mehr Freiheit als Staatsbetriebe. Für gewöhnlich mischt sich die Partei nicht ins Tagesgeschäft ein. Aber: Sie könnte es. Und unter Xi Jinping ist ihr Einfluss auch in den Unternehmen wieder gewachsen: Eingeschlafene Parteizellen in Privatfirmen wurden reaktiviert, und wo es sie noch nicht gab, wurden neue gegründet. Mit einem Mal klopften Parteileute selbst bei Joint Ventures und ausländischen Betrieben an die Tür der Geschäftsleitung mit dem Ansinnen, in Zukunft bitte auch bei unternehmerischen Entscheidungen mitbestimmen zu dürfen.

Für europäische Akteure ist das Problem bei einem so undurchsichtigen System wie dem chinesischen, dass man kaum je mit Bestimmtheit sagen kann, ob die Partei nun, in diesem Moment, dieses oder jenes Unternehmen kontrolliert oder ob sie es in Zukunft tun wird. Man weiß es oft schlicht nicht, man kann es aber auch nicht ausschließen. Das aber hat Konsequenzen, wenn man zum Beispiel darüber diskutiert, ob man dem Telekommunikationskonzern Huawei eine zentrale Rolle beim Aufbau unserer 5G-Netze einräumen soll, also im Rückgrat der Telekommunikationsinfrastruktur unserer Zukunft.

Zwei Dinge darf man bei solchen Debatten nie vergessen. Erstens die zunehmende Infiltration der Unternehmen durch die KP. Und zweitens die Tatsache, dass sie, wann immer sie möchte, ohnehin Zugriff hat auf die Ressourcen und innersten Geheimnisse von allen in China beheimateten Unternehmen. Eine Tatsache, die die KP dankenswerterweise selbst für alle Welt öffentlich machte, als sie sie 2017 in das neue Nachrichtendienstgesetz goss. Das Gesetz verpflichtet alle chinesischen »Organisationen und Bürger« zur »Unterstützung, Hilfe und Kooperation mit der nationalen Geheimdienstarbeit«.

Das aber heißt: Die entscheidende Frage bei Debatten wie jener um Huawei und unser 5G-Netz ist nicht die, ob wir einer Firma wie Huawei vertrauen. Die entscheidende Frage muss immer lauten: Vertrauen wir der Kommunistischen Partei Chinas?

Was war noch
einmal die klassische
Seidenstraße?

26

Das Ende der Seidenstraße war nicht immer Duisburg. Oder Nürnberg. Oder Lissabon. Oder welcher europäischen Stadt auch immer (es sind eine ganze Menge) Chinas Regierung heute einflüstert, sie und nur sie allein sei die Auserkorene, hier nämlich finde sie ihr Ende, die »Neue Seidenstraße«, an der Chinas Regierung seit ein paar Jahren arbeitet und die die Fantasie der Menschen so beschäftigt.

In der Antike und später, im frühen Mittelalter, endete die Seidenstraße, je nach Anschauung, in Städten wie Alexandria, Antiochia oder Konstantinopel. Oder, eine Schiffsreise weiter, im großen Rom, wo sich Frauen und Männer gleichermaßen um die kostbare Seide rissen, den Stoff angeblich in Gold aufwogen, sodass der Senat gar versuchte, den dekadenten Luxus zu untersagen. *Serica* nannten sie das geheimnisvolle Land am Ende der Welt, wo auf unzähligen Maulbeerbäumen noch mehr Seidenraupen ihren Dienst taten, von deren Tun die Römer aber nichts ahnten: Land der Seide. Das war, fast siebentausend Kilometer im Osten, China.

Die Seidenstraße war auch nicht immer die Seidenstraße, den Namen hat sie erst seit hundertfünfzig Jahren. Dem deutschen Geografen Ferdinand von Richthofen gefiel es 1877, das Jahrtausende alte Netz von Handelswegen zwischen China und Europa so zu nennen. Abenteurer und Forscher wie der Schwede Sven Hedin machten den Begriff dann über ihre Bücher und Vorträge populär.

Und natürlich war Seide nicht das Einzige, was da hin-

und herwanderte zwischen Ost und West. Aus China wurden auch kostbares Porzellan, Keramik, Tee oder Jade gen Westen transportiert. Die chinesische Hauptstadt Chang'an selbst empfing Gewürze, Arzneien, Farbstoffe, Gold, Silber, Edelsteine, Glas, aber auch exotische Tiere wie Löwen oder Papageien. Die meisten der Kostbarkeiten, die China erreichten, stammten dabei gar nicht aus Rom, sondern aus den Ländern Zentralasiens entlang der Route. Und nebenbei waren – oft als blinde Passagiere – auch Ideen, Technologien und Religionen im Gepäck. Der Buddhismus gelangte so von Indien nach China, später sickerten jüdische und christliche Gemeinden (meist Nestorianer) ein. Und Europa machte Bekanntschaft mit der Papierherstellung oder mit dem Schwarzpulver. Und später mit der Pest.

Die Expansion des chinesischen Großreiches nach Westen unter Kaiser Han Wudi (141–87 v.Chr.) hatte der Seidenstraße ihre erste Blüte ermöglicht. Der Han-Kaiser verdoppelte die Größe des Reiches und eroberte Territorien, in denen etwa die feindlichen Xiongnu ihr Unwesen trieben. Die Handelswege waren von da an sicherer. Ebenso blühte der Handel unter dem Großreich der Tang-Dynastie (7. bis 10. Jahrhundert) und später unter dem Mongolenimperium (bis ins 13. Jahrhundert).

Zur Mongolenzeit schaffte es der venezianische Kaufmann Marco Polo bis ins sagenhafte Cathay, wie er selbst China nannte. Leicht war die Reise nie, das machte die Dinge teuer, die auf dem Rücken von Kamelen in die eine oder andere Richtung schaukelten. Die Karawanen hatten entsagungsreiche Reisen vor sich durch oft lebensfeindliches Wüstenland. Es gab allerdings mehr als nur eine Route: Mal nahmen die Händler den Weg nördlich der Wüste Taklamakan, mal entschieden sie sich für den Süden. Und wahrscheinlich gab es keine Karawane, die den ganzen Weg allein zurücklegte. Üblich waren Teilstücke, ein Zwischenhändler übergab an den nächsten: ein Staffellauf. So profitierten im Laufe der Jahrhunderte viele Völker von dem Handel, etwa die Parther, die Sogdier, die Xiongnu oder die Tibeter.

Der Niedergang der Seidenstraße begann mit dem Ende der »Pax Mongolica«. Kriege und Banditen machten den Karawanen zu schaffen. Besiegelt wurde er dann durch das Aufkommen des globalen Seehandels, vor allem den Aufstieg der europäischen See- und Kolonialmächte. Die Portugiesen erreichten 1514 China, nun gab es eine neue, schnellere und sicherere Route. Dass der Aufstieg der westlichen Seemächte einherging mit dem Niedergang Chinas ist wohl kein Zufall. Das Land, das sich als »Reich der Mitte« verstand, wurde mit einem Mal von Kräften noch jenseits der Ränder angegriffen und in die Knie gezwungen; China wurde zum Spielball europäischer Kolonialmächte. Das ist ein Trauma, das in Chinas nationaler Psyche bis heute nachhallt.

Die Seidenstraße ist deshalb noch immer ein Bild für jene Zeit, in der China die größte Wirtschaftsmacht der Erde war – eine Zeit, die immerhin bis ins 19. Jahrhundert hinein andauerte.

27

Was ist die Neue Seidenstraße?

Die Neue Seidenstraße ist ein ganzes Bündel an Infrastruktur-maßnahmen und Initiativen, deren Inhalte oft ebenso diffus sind, wie es die Struktur des Ganzen ist: Der mittlerweile von der staatlichen chinesischen Reederei COSCO geleitete griechische Hafen von Piräus bekommt das Etikett ebenso angepappt wie ein Jazz-Seminar in Chongqing, ein mit chinesischem Geld gebauter Vergnügungspark in Indonesien oder aber das Frachtterminal in Duisburg, wo jede Woche knapp drei Dutzend chinesische Güterzüge ankommen. So genau weiß also keiner, was die Neue Seidenstraße nun wirklich ist. Und wahrscheinlich ist ebendas Teil der Attraktivität dieses Begriffs: Jeder kann am Ende selbst hineinprojizieren, was er möchte.

Als Narrativ nämlich und als Symbol für Chinas neues imperiales Charisma ist die Neue Seidenstraße ungemein erfolgreich. China hat es geschafft, dass sich die Fantasie der ganzen Welt daran entzündet und mindestens die halbe dabei sein möchte. Eine solche Vision in die Welt zu setzen hat der Westen schon lange nicht mehr geschafft.

Die Chinesen selbst verwenden das Wort »Seidenstraße« nur selten, wenn sie über das Projekt sprechen. Es ist Xis Prestigeprojekt, dem die Propaganda schon ein paarmal neue Namen verpasst hat. Zuerst war es als »One Belt, One Road« bekannt, heute bevorzugt die Regierung »Belt and Road Initiative«. Mit dem »Gürtel« (Belt) ist dabei die maritime Seidenstraße gemeint, also all die neuen Handelswege, die über die Ozeane führen sollen, und mit der »Straße« (Road) all die

Landwege. Konkret geht es meist um Infrastrukturmaßnahmen weltweit: Neue Straßen, Bahnhöfe, Häfen, Flughäfen und Pipelines sollen gebaut werden, neue Handelskorridore China, Zentralasien und Europa miteinander verbinden, aber auch Südamerika und Afrika nach Peking ausrichten. Mehr als einhundert Länder wollen bislang mitmachen. Die Weltbank schätzte im Jahr 2019 die Höhe der bereits getätigten oder in der Planungsphase befindlichen Investitionen auf fünfhundertfünfundsiebzig Milliarden US-Dollar.

Der Plan begann einst als Konjunkturprogramm für Chinas Wirtschaft. China wollte seine Überkapazitäten exportieren: Statt Brücken, Flugplätze und Schnellbahntrassen in China zu bauen, sollte in der Ferne betoniert werden. Finanziert mit Geld aus China. 2014 legte die Regierung in Peking ihren ersten Seidenstraßen-Fonds mit vierzig Milliarden Dollar auf. Gleichzeitig animierte sie die Firmen des Landes zu strategischen Investitionen weltweit, von denen nicht immer klar ist, ob sie nun Teil des Seidenstraßenprojekts sein sollen oder nicht. Die Grenzen zwischen verschiedenen strategischen Plänen der Regierung in Peking sind da fließend.

Vor allem vom Jahr 2016 an begannen chinesische Firmen, staatliche wie private, eine große Welle von Übernahmen und Investitionen auch in den USA und in Europa zu tätigen. Chinesisches Geld floss in italienische Fußballvereine ebenso wie in amerikanische Kinoketten und Produktionsfirmen in Hollywood, wobei nicht immer klar war, welche dieser Investitionen nun Kapitalflucht und welche strategischer Natur waren. Zu Letzteren zählte etwa der Kauf des Schweizer Chemie-Unternehmens Syngenta durch den staatlichen ChemChina-Konzern. In Deutschland wurde der Augsburger Roboterhersteller Kuka von der chinesischen Midea Group geschluckt – was erstmals auch in Deutschland zu politischen Diskussionen über Chinas Absichten führte. Zu jener Zeit entdeckte der

Westen den »China 2025«-Plan, der viele der Investitionen in einem neuen Licht erscheinen ließ: In dem 2015 in Peking vorgestellten Plan identifiziert die chinesische Regierung zehn strategische Wirtschaftsfelder der Zukunft, in denen sie mit ihren Unternehmen die Weltführerschaft anstrebt: Automatisierung und Robotik zählen ebenso dazu wie Telekommunikation und Fahrzeugtechnik mit neuen Antriebsformen, also E-Autos und Batterietechnik.

Heute ist die Neue Seidenstraße einerseits ein globales Infrastrukturprojekt, vor allem aber ist sie Teil der geostrategischen Vision für eine neue, von China bestimmte Weltordnung. Eine »Globalisierung 2.0« prophezeit die *Volkszeitung* hoffnungsfroh, die China aber nicht etwa in ein multilaterales Regelwerk einbettet: Sämtliche Verträge und Beziehungen zwischen den Teilnehmern des Seidenstraßenprojektes und China sind bilateral gestaltet – und von Peking dominiert.

»Chinas ›One Belt, One Road‹ wird die neue Welthandelsorganisation sein – ob einem das jetzt gefällt oder nicht«, sagte beim Weltwirtschaftsgipfel in Davos Siemens-Chef Joe Kaeser, der mit seinem Unternehmen natürlich mitverdienen möchte. Ambition und Ausmaß der in Aussicht gestellten Geschäfte locken auch europäische Staaten. Italien war das erste G7-Land, das eine Absichtserklärung mit Peking unterzeichnete, wenig später folgte die Schweiz und wurde als zweiter westlicher Industriestaat offizieller Partner in der Neuen Seidenstraße.

Was die Geschäfte für westliche Firmen angeht, so gibt es allerdings bislang eher ernüchternde Zahlen: Einem Bericht der Washingtoner Denkfabrik Center for Strategic and International Studies aus dem Jahr 2018 zufolge gingen bis dahin neunundachtzig Prozent der Aufträge an chinesische Firmen, weniger als acht Prozent wurden an lokale Partner vergeben, und gerade mal etwas mehr als drei Prozent konnten sich Firmen aus Drittländern sichern. Unter EU-Politikern und Diplomaten schrillten schon früh die Alarmglocken. Im Frühjahr 2018 schrieben siebenundzwanzig der achtundzwanzig EU-Botschafter in Peking in einem Bericht, China plane mit der »Belt and Road Initiative« die Globalisierung nach seinem Wunsche zu formen – was China auch gar nicht abstreitet. Europa aber gereiche das zum Nachteil, urteilt der Bericht der EU-Diplomaten: Die »Neue Seidenstraße« bedrohe EU-Interessen und -Standards. Die Deals werden von Peking ausschließlich bei bilateralen Regierungsgipfeln verhandelt, wobei China gezielt »die ungleichen Machtverhältnisse« bei diesen Verhandlungen ausnutze, schreiben die Botschafter. Die Ausschreibungen bislang waren gewohnt intransparent und bevorzugen chinesische Staatsfirmen, wohingegen Firmen, die sich an europäische Umwelt-, Arbeits- und Sozialstandards halten, das Nachsehen haben. Zudem verlangt China von Staaten, die dabei sein wollen, die Anerkennung seiner »Kerninteressen«, zu der Peking zum Beispiel seine territorialen Ansprüche im Südchinesischen Meer zählt.

Im August 2018 machte Malaysias Ministerpräsident Mahathir Mohamad Schlagzeilen, als er chinesisch finanzierte Infrastrukturprojekte in Höhe von zweiundzwanzig Milliarden US-Dollar kurzerhand strich oder aussetzte. Der Premier erklärte, die Projekte seien für sein Land schlicht zu teuer, und beschuldigte China, mit seinen Investitions- und Schuldvereinbarungen »eine neue Form des Kolonialismus« zu praktizieren. Die malaysische Regierung verhandelte einige der Projekte später neu und ist heute wieder voll des Lobes für Chinas Engagement. Musterbeispiel für das Risiko der Schuldenfalle ist vielen der Hafen von Hambantota im Süden Sri Lankas, den die Chinesen für 1,3 Milliarden US-Dollar bauten und den das stark verschuldete Sri Lanka in der Folge chinesischen Betreibern überschrieb – ironischerweise für eine Vertragsdauer von neunundneunzig Jahren, also für exakt dieselbe Länge, die einst der Pachtvertrag zwischen der britischen Regierung und dem chinesischen Kaiserreich vorsah für Hongkongs »New Territories«. Das Center for Global Development, eine weitere amerikanische Denkfabrik, benannte 2018 noch acht andere arme Seidenstraßenländer, die mit mehr als der Hälfte ihrer Auslandsschulden bei China in der Kreide stehen und bei denen das Risiko hoch ist, dass sie ihre Schulden nie werden zurückzahlen können. Darunter sind Nachbarländer Chinas wie Laos, die Mongolei und Pakistan, aber auch der europäische 650 000-Einwohner-Staat Montenegro, der von der China Exim-Bank das Geld für eine 1,3-Milliarden-Euro teure Autobahn bekam, die nun von der Chinese Road and Bridge Corporation gebaut wird und das Land in eine tiefe Schuldenkrise gestürzt hat.

Die globale Kritik an Schuldenfallen, fehlenden Ausschreibungen und mancherorts massiver Korruption ging an Peking nicht spurlos vorüber. Beim Seidenstraßen-Gipfel im Frühjahr 2019 gelobte Parteichef Xi Jinping Besserung, er versprach »grünere« Projekte, »bessere Qualität« und »null Toleranz« für Korruption. Ob das tatsächlich zu besseren Praktiken vor Ort führt, muss sich erst noch zeigen.

An den geostrategischen Implikationen wird es nicht viel ändern. Nicht alle Seidenstraßenprojekte sind in Beton gegossen oder aus Eisen oder Stahl geformt. China plant zum Beispiel sein eigenes internationales Gerichtswesen: Schiedsgerichte in Shenzhen und in Xi'an – der alten Kaiserstadt, einst Ausgangspunkt der klassischen Seidenstraße – sollen alle kommerziellen Streitfälle im Zusammenhang mit der Neuen Seidenstraße entscheiden. Eine weitere Erinnerung daran, dass China dabei ist, die Regeln internationaler Zusammenarbeit neu zu schreiben, und an global ausstrahlenden Institutionen arbeitet, die seine Interessen vertreten.

Xi Jinpings »chinesischer Traum« ist der Traum von der Wiederherstellung der alten Größe: China als Land in der Mitte der Welt, mit dem man handelt, zu dem aber all die anderen vor allem aufsehen und dem sie Tribut zollen. Chinas Propaganda spricht bei den Projekten der Neuen Seidenstraße zwar viel von Kooperation und Gleichberechtigung, aber in der Praxis wird China das Heft des Handelns in der Hand behalten: In Xi Jinpings idealer Welt führen alle Wege wieder ins Reich der Mitte.

Nein, das will China nicht. Xi Jinping ist auch auf der Welt-bühne nicht Mao Zedong, den die *Volkszeitung* zu Beginn der Kulturrevolution zum »Steuermann der Weltrevolution« aus-gerufen hatte. Die KP möchte heute keine Weltrevolution mehr, schon gar keine kommunistische.

Das heißt nicht, dass China nicht aufrüstet. Die chinesi-sche Propaganda behauptet zwar, China trage ein »Friedens-gen«, die Geschichte beweise, dass das Land unfähig sei zur Aggression. Nachbarstaaten wie Vietnam (letzter chinesischer Einmarsch im Februar 1979) haben diese Geschichte aller-dings etwas anders in Erinnerung. Parteichef Xi Jinping nun verlangt von der Volksbefreiungsarmee, sie müsse »Kriege gewinnen« können, was auch ein Hinweis darauf ist, dass sie dies in den letzten Jahren eher nicht hätte können: Xi entfernte korrupte Generäle und gab den Befehl zur Modernisierung der Streitkräfte. Vor allem steckt Peking viel Geld in die Marine. 2012 nahm sie ihren ersten Flugzeugträger in Dienst, drei wei-tere sollen folgen. Die Marine ist es auch, die im Südchinesi-schen Meer Fakten schafft: Sie schüttet an umstrittenen Orten Inseln auf, baut Korallenriffe zu Standpunkten aus, schüchtert die Fischer und die Küstenwachen der Nachbarstaaten ein. Und als der Internationale Gerichtshof in Den Haag im Juli 2016 Chinas Territorialansprüche im Südchinesischen Meer größtenteils für nichtig erklärte, da erklärte China seinerseits das Urteil für »null und nichtig« und setzte seine Landnahme sowie die Militarisierung der Gewässer einfach fort.

Chinas Militärbudget lag 2019 bei knapp zweihundertfünfzig Milliarden US-Dollar, das ist mehr als zehnmal so viel wie noch vor drei Jahrzehnten, damit liegt China zumindest auf dem Papier aber noch immer weit hinter den USA, die sechshundertfünfzig Milliarden US-Dollar ausgaben. Militärisch geht es China zumindest vorerst nicht darum, Welthegemon zu werden, wie die USA noch immer einer sind: Vorrangiges Ziel ist es, Vormacht in der eigenen Region zu werden, den USA im pazifischen Raum die Stirn zu bieten und ihre Macht im Südchinesischen Meer zu brechen. Grund zur Nervosität angesichts der neuen militärischen Macht Chinas haben daher im Moment vor allem die Nachbarstaaten. Und Taiwan.

Peking aber hat sich mittlerweile jenseits des militärischen ein ganzes Arsenal an anderen Mitteln der Einflussnahme geschaffen. Chinas KP möchte sehr wohl die Welt nach ihrem Bilde gestalten. Und zwar überall dort, wo sie ihre Interessen tangiert sieht. Diese Interessen sind mittlerweile weltumspannend. Der Rückzug der USA unter Donald Trump aus internationalen Organisationen und Bündnissen ist für die KP dabei ein Geschenk des Himmels: Wo immer China eine Lücke sieht, stößt es nun vor. Beim Menschenrechtsrat der Vereinten Nationen in Genf zum Beispiel, wo es China immer öfter gelingt, eigene Sprachregelungen in Dokumenten und Erklärungen unterzubringen, die die Idee der universellen Menschenrechte aushebeln.

Chinas Einflussoperationen zielen aber nicht nur auf internationale Organisationen, sie zielen auch direkt auf unsere Länder und Gesellschaften. Xi Jinping hat gesagt, sein Land wolle der Welt nun die »Weisheit Chinas« schenken, womit er natürlich vor allem die Weisheit der KP meint. So wie die USA einst daran arbeiteten, die Welt zu einem sicheren Ort für Demokratien zu machen, so arbeitet Chinas Führung heute daran, die Welt zu einem sicheren Ort für ihre Autokratie zu machen. Wenn chinafreundliche EU-Staaten wie Griechenland und Ungarn heute schon gemeinsame kritische EU-Erklärungen zum Vorgehen Chinas im Südchinesischen Meer oder zur Lage der Menschenrechte durch ihr Veto verhindern, dann ist das ein großer Erfolg für Peking. Ebenso hat China damit begonnen, das Betriebssystem des totalitären Überwachungsapparates in passgenauen Teilen in andere Weltgegenden zu exportieren: Nachgefragt werden, bislang vor allem in Schwellenländern, Smart-City-Konzepte, KI-Überwachungskamerasysteme, in Ländern wie Vietnam, Uganda oder Tansania aber auch die chinesische Internetgesetzgebung. Tatsächlich ist der Export des chinesischen Hightech-Überwachungsmodells schon so erfolgreich, dass die Washingtoner NGO Freedom House 2018 von einer »existenziellen Bedrohung für die Aussichten von mehr Demokratie rund um den Globus« spricht.

In den Gesellschaften des Westens geht es der KP zum einen ganz grundsätzlich um den Aufbau und die Pflege eines Netzwerks chinafreundlicher Meinungsführer und Entscheider. Die Partei gibt dafür viel Geld aus, schafft ständig neue Stiftungen und Jobs, um alte »Freunde des chinesischen Volkes« in Ehrenämter und gut dotierte Posten zu hieven: ehemalige Politiker ebenso wie aktive Wissenschaftler. »Elite Capture«, die »Kaperung von Eliten«, nannte das eine Studie in Großbritannien, die die Praxis unter anderem am Beispiel David Camerons untersuchte, des ehemaligen britischen Premierministers, der heute unter anderem einem britisch-chinesischen Investmentfonds vorsteht, der die Neue Seidenstraße vorantreiben soll.

Und es geht ihr zunehmend auch darum, ihre Propaganda und ihre Zensur in die Welt zu exportieren, das heißt zuallererst: ihr nicht genehme Sprachregelungen und Ideen über China in allen Ecken der Welt auszumerzen. Die KP Chinas versucht aktiv, bei Akteuren im Westen die Selbstzensur zu befördern, und steckt viel Geld in ein weltumspannendes Propagandanetzwerk, das der Welt die »China-Geschichte« (Xi Jinping) aus dem Blickwinkel der Partei erzählen soll, etwa über den globalen TV-Sender CGTN.

In manchen Aspekten ähnelt das Vorgehen der chinesischen Propaganda dem der russischen, die mit ihrem eigenen Medienimperium (TV-Sender Russia Today, Zeitschrift *Sputnik* etc.) Einfluss nehmen möchte in westlichen Gesellschaften. Nur ist Chinas Einflussnahme weit smarter als die russische, mit viel mehr Geld und Ressourcen ausgestattet und zielt auf eine viel breitere Front: China geht in die Universitäten und Denkfabriken Europas, in seine Medien und Unternehmen. Seine Zensur hinterlässt mittlerweile in den Drehbüchern Hollywoods ebenso Spuren wie auf den Webseiten deutscher Verlage: Der in Berlin ansässige Verlag Springer Nature, einer der größten Wissenschaftsverlage der Welt, säuberte auf Verlangen der chinesischen Zensur seine von China aus zugänglichen Webseiten von mehr als tausend wissenschaftlichen Artikeln zu Tibet, Taiwan oder Tiananmen 1989. Mittlerweile gibt es eine ganze Legion von Konzernen wie Mercedes-Benz, Audi, Dior, Zara, Swarovski oder McDonald's, die sich öffentlich bei der KP entschuldigt haben, »die Gefühle des chinesischen Volkes verletzt zu haben«. Weil sie etwa Taiwan oder Hongkong als eigene Destinationen auf ihrer Webseite geführt hatten. Oder aber es gewagt hatten, in einem ihrer Social-Media-Kanäle einen Kalenderspruch des Dalai Lama zu zitieren. Vor allem aber natürlich weil sie Angst um ihre Geschäfte haben.

Einst dachten wir, unser Kapitalismus werde China unterwandern, heute stellen wir fest: China unterwandert unseren Kapitalismus und uns.

Müssen wir China fürchten?

In einem neuen Kalten Krieg sind wir noch lange nicht. Der Wettbewerb der Systeme aber ist zurück. Und das zu einem denkbar ungünstigen Zeitpunkt: Die westlichen Demokratien sind in der Krise, die Zukunft des europäischen Projektes ist ungewiss.

Die Herausforderungen für Europa und für die Demokratie sind mannigfaltig: Da sind auf der einen Seite die zerstörerische Kraft des Donald Trump und das apokalyptische Geraune der Rechtspopulisten aus unserer eigenen Mitte; und da sind auf der anderen Seite Russland und China. Die Herausforderung durch China ist nur ein Puzzleteil in dem perfekten Sturm, der sich da zusammenzubrauen scheint. Sie ist allerdings das bislang am meisten unterschätzte. Über Trump, über die Rechtspopulisten und über Russland haben in den letzten Jahren alle gesprochen – über China sprechen noch zu wenige.

Die gute Nachricht: Wir haben noch immer gute Karten, wahrscheinlich sogar die besseren. Dass unsere liberale Demokratie das menschenwürdigere System ist, dürften nicht viele bezweifeln. Mittlerweile aber hat sich die Debatte ja verschoben: Ist sie denn auch das effizientere System? Oder zeigt nicht China gerade, dass erfolgreiches Wirtschaften mit einer Autokratie vielleicht sogar noch besser funktioniert? Wenn der mühsame parlamentarische Hickhack wegfällt, die endlose Suche nach dem besten Kompromiss, wenn die Regierung nicht nur in Vierjahresfristen denkt, sondern

»in 300-Jahres-Plänen«, wie ein allzu chinabegeisterter deutscher Unternehmer in einer deutschen TV-Talkshow ausrief. Es ist der Traum vom weisen und gerechten Diktator, der in solchen Argumenten durchscheint. Den es im wahren Leben bloß nicht gibt.

Wer genau hinschaut, der sieht, dass China intern heute schon vor gewaltigen Problemen steht: die noch immer wachsende soziale Ungleichheit, die noch immer grassierende Korruption, die rasante Alterung des Landes, die Schuldenlast auf Provinzen und Städten. Wer genau hinschaut, der sieht, dass sich Xi Jinping mit seiner Rezentralisierung der Macht neue Probleme schafft, dass sich die Diktatur am Ende selbst ein Bein stellt, wenn sie das Land wieder abkapselt, alle unabhängigen Stimmen erstickt und alle Kritik verbietet. Das System hat ein Wirtschaftswunder hervorgebracht, das die Welt staunen macht. Dasselbe System aber hat auch Katastrophen verursacht und Verbrechen ermöglicht, die in der Weltgeschichte ihresgleichen suchen.

Es hat schon seinen Grund, warum eine Mehrheit der Europäer heute in den wohlhabendsten und freiesten Orten lebt, die die Menschheitsgeschichte je gesehen hat. Und natürlich sind unsere Gesellschaften vielerorts aus der Balance geraten und drohen ihre Mitte zu verlieren, natürlich braucht es große Reformen. Aber die lassen sich aus unserem System heraus vollbringen, so ist die Demokratie beschaffen. Allerdings braucht es dazu Demokraten, die mit Leidenschaft und Entschlossenheit und Ausdauer welche sind.

Dazu gehört auch, dass wir China als das erkennen, was es ist: eine leninistische Diktatur, die der Welt ihren Stempel aufdrücken möchte. Dass wir für unsere Normen und Werte, für Demokratie und Freiheit einstehen, immer dann, wenn wir sie kompromittiert sehen. Entscheidend wird am Ende nicht sein, wie stark China ist, entscheidend wird sein, wie stark wir

selbst sind. Oder vielmehr: wie schwach wir sind, wie sehr wir uns spalten lassen, wie sehr wir uns in Fatalismus und Resignation fallen lassen.

Nein, fürchten müssen wir nicht China, fürchten müssen wir nur uns selbst.

→ **30.**

Was können wir
angesichts Chinas
wachsender Stärke tun?

←

Augen auf. Rückgrat zeigen. Zusammenstehen. Und uns selbst neu erfinden.

Hört sich so leicht an: Augen öffnen ist aber der dringendste all dieser Schritte, ohne den all die anderen nichts sind – und ein gar nicht so selbstverständlicher angesichts der Blauäugigkeit und Naivität, die jahrzehntelang herrschten im Umgang mit China, egal ob vonseiten der Wirtschaft, der Politik oder auch der Wissenschaft.

Natürlich sollen wir weiter Geschäfte machen mit China, weiter den Austausch pflegen, an den Schulen, Universitäten und auch Denkfabriken. Wir brauchen China, auch zur Lösung globaler Probleme wie dem Klimawandel. Es liegt aber generell in unserem Interesse, die Türen offen zu halten, gerade wenn Xi Jinping und seine KP dabei sind, China dichtzumachen, geistig und ideologisch (der Hongkonger Autor Willy Wo-Lap Lam, ein Veteran unter den Chinabeobachtern, spricht vom »Closing of the Chinese mind«).

Wenn wir uns aber im Austausch engagieren oder unsere Geschäfte machen, dann bitte im vollen Bewusstsein darüber, wer dort auf der anderen Seite steht. Welche Absichten er hat. Und welcher Natur das System ist, dessen Teil er ist.

Wenn die KP in ihren internen Publikationen den Westen und seine Werte zum ideologischen Feind erklärt, müssen wir das ernst nehmen.

Das heißt für Geschäftsleute: nicht länger davon ausgehen, Geschäft ist Geschäft, das sei in China nicht viel anders als

bei uns. Heute gilt mehr denn je: *It's not the economy, stupid. It's politics.*

Das heißt für Europas Politiker: Nicht der Illusion anhängen, China halte sich an die Regeln der freien und fairen Marktwirtschaft.

Das heißt für unsere Universitäten: Wenn die in unsere Universitäten integrierten Konfuzius-Institute »der Diplomatie eines mächtigen China« dienen sollen, dann meint die KP das auch so.

Das heißt grundsätzlich: rote Linien definieren für Werte wie Meinungsfreiheit oder Freiheit von Zensur. Abhängigkeiten vermeiden, die am Ende dazu führen, dass diese Werte unterwandert werden.

Diese Abhängigkeiten können institutionelle Kooperationen mit Partnern aus dem chinesischen Partei- und Staatsuniversum sein oder finanzielle Zuwendungen aus China. Viele westliche Universitäten lassen sich ihre Konfuzius-Institute von China mitfinanzieren, die Universität Göttingen ging noch einen Schritt weiter und ließ sich 2009 gar zwei China-Professuren einrichten. Wenn von der Partei gesteuerte chinesische Studentenvereine beginnen, auf dem Campus amerikanischer, australischer oder europäischer Universitäten gegen unliebsame Meinungen vorzugehen, wenn die Universität von Salamanca in Spanien auf Druck Chinas ihre Taiwan-Kulturtage absagt, wenn die Freie Universität Brüssel beschließt, den 30. Jahrestag des Tiananmen-Massakers nicht zu begehen, weil man, in den Worten ihres Vizerektors, »pragmatisch« sein müsse, dann ist das Gift von Zensur und Selbstzensur schon eingesickert.

Doch auch wenn unsere Werte unterwandert werden, sind unsere Gesellschaften in solchen konkreten Fällen nicht wehrlos. Sie können Gegendruck aufbauen, indem sie all die Unternehmen, die akademischen Institutionen, Stiftungen oder

Politiker, die sich von der chinesischen Zensur einspannen lassen, öffentlich benennen und zur Rechtfertigung zwingen. Indem sie Datenbanken einrichten, die alle Fälle chinesischer Einflussnahme registrieren. Oder politischen Druck zur Verteidigung demokratischer Werte aufbauen. Als im Jahr 2018 bekannt wurde, dass bei Google heimlich ein Team von Programmierern an einer Suchmaschine für den Wiedereintritt in den chinesischen Markt arbeitete – einer Suchmaschine, die offensichtlich auf die Bedürfnisse des chinesischen Zensur- und Propagandaapparates zugeschnitten werden sollte –, da waren es Googles eigene Mitarbeiter, die mehrfach öffentlich und lautstark demonstrierten gegen ihre eigene Firmenleitung. Am Ende wurde das Projekt mit dem Codenamen »Dragonfly« (Libelle) eingestellt.

Auch einige Akteure der europäischen Politik und Wirtschaft sind aufgewacht. Zum ersten Mal erklärten im Frühjahr 2019 sowohl der Bund der Deutschen Industrie als auch die EU-Kommission in Strategiepapieren China zum »systemischen Rivalen«. Das war für diese Institutionen ein Riesenschritt und ist doch nichts anderes als die Anerkennung der Realität.

Allein aber sind wir schwach. Es braucht ein einiges Europa, um der Herausforderung durch China zu begegnen. Eines, das nicht länger versinkt in endloser Nabelschau, eines, das sich nicht länger spalten lässt. Eines, das aber auch nicht nur in Abwehrhaltung verharrt, sondern sich auf seine Stärken besinnt und mit Leidenschaft und Innovationskraft den Herausforderungen der neuen Informationstechnologie stellt. Hätte Europa schon vor Jahren damit begonnen, seine Interessen auf den Feldern der Zukunftstechnologien zu definieren, seine digitalen Plattformen zu vereinheitlichen und die heimische Digitalwirtschaft auch mit industriepolitischen Maßnahmen zu stärken, dann hätten wir heute vermutlich die

Debatte um die Teilnahme von Huawei an unserem 5G-Netzwerk gar nicht. Und eines ist klar: Viele weitere solche Debatten werden folgen.

Chinas Hightech-Überwachungsstaat erschreckt. Ebenso die dunkle Ahnung, dass unsere westlichen IT- und Internetkonzerne (mit oft neidischem Blick auf das ungehemmte Treiben in China) an ähnlich dystopischen Instrumenten zur Manipulation der Massen feilen. Fatal wäre allerdings, sollte dieses Erschrecken zur pauschalen Ablehnung dieser Technologien führen. Was Mut macht, sind Beispiele, die zeigen, wie das gehen könnte: das Digitale zu nutzen in bester demokratischer Absicht und ohne dafür Errungenschaften wie Datenschutz und Privatsphäre aufs Spiel zu setzen. In Taiwan etwa, wo Cyberministerin Audrey Tang daran arbeitet, mithilfe von KI und Big Data die Regierung transparenter und die Demokratie partizipativer zu machen. Oder im kleinen, mutigen Estland, wo sie ohnehin Weltmeister sind in der Digitalisierung der Regierung, und zwar in bestem demokratischen Geiste.

Denn auch darum wird es gehen am Ende: Wenn China die Diktatur digital neu erfindet, dann müssen wir die Demokratie digital neu erfinden.

Müssen wir bald alle Chinesisch lernen?

Müssen wir nicht. Könnten wir aber. Vielleicht sollten wir es sogar. Nicht weil China drauf und dran wäre, die Welt zu schlucken, oder weil man mit Chinesisch ein Vermögen machen könnte, da wäre ich mir gar nicht so sicher. Nein, es ist viel simpler: Das Chinesische eröffnet einem nicht nur ein ganzes Universum an Abenteuern – es ist dazu auch eine der einfachsten Sprachen der Welt. Im Ernst.

Chinesischlernen, Mythos und Wirklichkeit. Zuerst der Mythos, in den Worten des Missionars William Milne: Die chinesische Sprache, sagte der einmal, sei »ein Job für Männer mit Lungen aus Stahl, mit Köpfen aus Eichenholz, mit dem Gedächtnis eines Engels und mit der Lebensspanne eines Methusalem«. Und in Wirklichkeit? Hab's sogar ich gelernt. Jener uralte Glaube, wonach das Chinesische ein Außenseitern niemals zugängliches, mit sieben Siegeln verschlossenes Mysterium ist? Totaler Quatsch. Bei Licht besehen, ist Chinesisch einfacher als Englisch. Wohlgemerkt: Ich rede hier vom gesprochenen Chinesisch.

Irgendwann einmal nämlich beschlossen die alten Chinesen, auf große Teile der uns bekannten Grammatik einfach zu verzichten. Es gibt im Chinesischen keine Deklinationen, keine Konjugationen und keine Fälle – es gibt für das Verb nicht einmal Zeiten. Den Satz »Gestern ging ich ins Kino« würde ein Chinese so sagen: »Gestern ich gehen Kino.« Man kann auch einfach das Partikel »le« hinten an seine Sätze hängen, das versetzt diese automatisch in die Vergangenheit. Einfacher geht es nicht. Und das Beste: Es funktioniert! Was für eine Erkenntnis: All die Beugungen und Flexionen, all die Modi und Kasus und Tempora, die das Lernen des Französischen, Türkischen oder Russischen für uns zu einer solchen Qual machen – die braucht es überhaupt nicht. Ein wenig Fuzzylogic, ein wenig Intuition, ein wenig Kontext, und fertig ist eine Sprache, die vollkommen ausreicht, um Menschen in den Weltraum zu schicken. Eine Sprache, die selbst Fußballern wie David Beckham und Sängerinnen wie Sarah Connor die Aura der Weisheit zu verleihen vermag, nämlich dann, wenn ein chinesisches Tattoo den Weg zum Steißbein weist.

Wobei die Schriftzeichen, das will ich hier nicht verschweigen, der heiklere Teil des Chinesischlernens sind: Das Geschriebene nämlich hat mit dem Gesprochenen nichts zu tun, man muss also jedes Wort zweimal lernen. Und das ist leider, was das Schreiben angeht, eine elende Büffelei.

Die Faszination für exotische Schrift funktioniert umgekehrt übrigens genauso: Junge Chinesinnen und Chinesen lassen sich seit ein paar Jahren haufenweise englische Tattoos stechen. Sie tun das, wie eine chinesische Zeitschrift verriet, weil diese englischen Wörter und Abkürzungen ja etwas »Außergewöhnliches« seien und weil sich hinter den fremden Begriffen bestimmt ein »tieferer Sinn« verstecke. Chinesische Tattoos hingegen, so ein junger Chinese, seien doof, weil die ja jeder Landsmann gleich verstehe, die mysteriösen englischen erst »verleihen einem Persönlichkeit«.

Ach ja, die Töne, die berüchtigten. Die sind tatsächlich ein Stück Arbeit, bei Lichte betrachtet allerdings ein kleines nur. Man darf sich bloß keinen Schreck einjagen lassen, auch nicht von diesem besonders gemeinen Beispiel hier:

»Der Dichter Shi lebte in einem steinernen Haus und aß gerne Löwenfleisch, also gelobte er, zehn Löwen zu essen. Er ging oft zum Markt, um Ausschau zu halten, bis er eines Tages um zehn Uhr dort zehn Löwen entdeckte.«

Das ist der Anfang einer beliebten Lehrbuchanekdote, im Original hört sie sich so an:

>»Shi shi shi shi shi shi, shi shi,
>shi shi shi shi.
>shi shi shi shi shi shi shi shi, shi shi,
>shi shi shi shi shi.«

Nein, ein Witz ist das nicht – aber natürlich an den Haaren herbeigezogen..Jedes »shi« in dem Text wird in einem von vier Tönen ausgesprochen und auf dem Papier von unterschiedlichen Schriftzeichen repräsentiert. Schriftzeichen haben sie Zehntausende, aber bei der Aussprache begnügen sich die Chinesen mit knapp vierhundert Silben, also haben sie zur besseren Unterscheidung jeder Silbe vier verschiedene Töne zugeordnet. (Das in Guangdong und Hongkong gesprochene Kantonesisch unterscheidet sogar sechs Töne.) Mehrfachbedeutungen sind die Regel. Die Silbe »mao« kann den Vorsitzenden Mao ebenso meinen wie die Feder, den Hut, den Speer oder die Katze. Selbst wenn man den Vorsitzenden Mao korrekt im zweiten Ton ausspricht, ist noch immer nicht klar, ob man nicht vielleicht doch von einem Anker spricht, oder aber – auch das kein Witz – von einer mit einem Yakschwanz verzierten Flagge.

Im Kontext des Alltags löst sich das alles aber aufs Wunderbarste auf. Dafür sorgt schon die Tatsache, dass im modernen Chinesisch die meisten Wörter aus zwei Silben bestehen, so dass die Kombinationen schon für sehr viel mehr Eindeutigkeit sorgen. Deshalb bleibe ich dabei: Einfacher als gesprochenes Chinesisch geht praktisch nicht. Daran ändern auch die Schauergeschichten all jener Schüler nichts, denen angeblich »Brusthaar« (xiong1 mao2) herausrutschte, als sie »Pandabär« (xiong2 mao1) sagen wollten. Na und? Chinesischlehrer fordern von Erstsemestern gerne Ehrfurcht ein mit der Sentenz »Ma ma ma ma ma?« (»Schimpft die pockennarbige Mutter das Pferd?«) Ein jedes »ma« in einem anderen Ton ausgesprochen natürlich. Aber mal ehrlich: Wie vielen pockennarbigen Pferdebesitzerinnen wird man im Laufe seines Lebens begegnen? Ich nehme mal an, davon gibt es in China ebenso viele, wie es in Deutschland Fischerssöhne namens Fritz gibt.

Nein, die Töne sind Scheinriesen, sie werfen lediglich aus der Ferne bedrohliche Schatten. Führerscheinneulinge kennen das, wenn sie sich am Zusammenspiel von Gaspedal, Bremse und Kupplung versuchen. Und dann, nach ein paar Wochen, macht es plötzlich klick!

Es gibt auch Leute, die behaupten, man brauche fürs Erlernen des Chinesischen eine jener Chinesenzungen, die bei geschlossenem Munde ein Hühnchen blitzeblank von seinen Knochen zu trennen vermag. Sie pflegen den Mythos von der Unerlernbarkeit der Sprache so wie den von der Undurchdringlichkeit der Kultur. Humbug, beides.

Was mit Dichter Shi passierte? »Er tötete mit seinen Pfeilen zehn Löwen...« Sie können 's ja eh schon: »*Shi shi shi, shi shi shi...*«

Welche chinesischen Wörter sollten wir unbedingt ins Deutsche übernehmen?

Es gibt Sprachen, die haben ein Wort für die Widerspiegelung des Mondenscheins im Wasser. Das Türkische nämlich: *Yakamoz*. Und es gibt das Deutsche, das sich ein Leben lang von Angehörigen anderer Sprachgruppen vorhalten lassen muss, jene zarten Falter, denen die Franzosen ein »papillon« hinterherhauchen, unter den Silben »Schmetterling« zu zerstampfen. Ein Amboss von einem Wort. Als die Berliner Zeitschrift *Kulturaustausch* vor ein paar Jahren das schönste Wort der Welt suchte, landete *Yakamoz* auf Platz eins. Auf Platz zwei schon fand sich ein chinesisches: *Hulu*, das heißt »schnarchen«.

Ich habe andere chinesische Lieblingswörter. Wörter, die auch unserer Sprache gut anstünden, ja, mehr noch: die ihr nachgerade noch fehlen. Lehnwörter von jener Sorte wären das, die uns ein neues Instrumentarium zur feineren Beschreibung unserer Gefühle in die Hand geben oder uns mit gänzlich neuen Erfahrungen vertraut machen. Vor Kurzem veröffentlichte das *Oxford English Dictionary* eine Liste meist südchinesischer Wörter, die es nun offiziell in den englischen Wortschatz geschafft haben. Viel zu essen ist da dabei. *Yum cha* zum Beispiel, jener kantonesische Morgen- und Mittagsschmaus, den wir als *Dim sum* kennen, was übersetzt heißt: »das Herz berühren«. Die Hongkonger selbst sagen zu der endlosen Parade von gedämpften und gebratenen Teigtäschchen aber eben nicht *Dim sum*, sie nennen es *Yum cha*, was einfach nur »Teetrinken« heißt, in seinem Understatement also sowieso in jedes britische Wörterbuch gehört.

Viel chinesisches Wortgut hat es bislang nicht ins Deutsche geschafft. Das Kung-Fu, das Feng-Shui und als Übersetzung die Gehirnwäsche (chinesisch *xi nao*), eine originär chinesische Erfindung aus Maos Zeiten, die es im Koreakrieg zuerst ins Englische und von da dann zu uns schaffte.

Hier nun eine kurze Liste meiner persönlichen Lieblingswörter.

Chabuduo. Es zeichnet das chinesische Volk nämlich eine extrem lässige Herangehensweise an die Dinge aus, deren Essenz in dem Begriff *cha bu duo* destilliert ist. Das Interessante an dem Wort ist, dass es im Deutschen dafür nicht wirklich eine Entsprechung gibt, wohl aber im Bayerischen: »Passt scho'.« Wörtlich heißt *cha bu duo* »es fehlt nicht mehr viel« – eine Feststellung, die in Restdeutschland für gewöhnlich als Ansporn zum Endspurt empfunden wird. In Bayern wie in China hingegen erfolgt sie meist als Ausruf von Zufriedenheit, als stolzer Schlusspunkt hinter aller Anstrengung. Ausdruck einer Lebenshaltung, die sich zufrieden zurücklehnt, wenn sie acht Zehntel des Weges zurückgelegt hat. Weil, im Ernst: Reicht doch.

Yuanfen. Die Vorsehung, die etwa die Lebenslinien zweier Menschen miteinander verknotet. Es ist den beiden vorbestimmt, einander wieder und wieder zu begegnen. Ihre Wege können sich nicht bloß, sie müssen sich kreuzen. Das zufällige Treffen mit einer alten Schulfreundin in der New Yorker U-Bahn? Alles andere als Zufall. *Yuanfen.*

Mafan. Alles, was umständlich, anstrengend, frustrierend und einfach nervig oder das alles zusammen ist. In meinem Fall das meistverwendete Lehnwort. Gerne auch als Substantiv. Gerne geseufzt. »Was für ein *Maaafan!*« Wie maßgeschneidert für die Quenglernation Deutschland.

Guoyin. Wird manchmal als »befriedigend« übersetzt, am ehesten trifft es noch der Jubelausruf »geil«. *Guoyin* gehört

eigentlich gejauchzt und beschreibt eine süße Sucht im Augenblick ihrer Befriedigung. *Guoyin*, das ist der Ritt auf einem Surfbrett, wenn die Monsterwelle sich bricht, das ist der erste Biss ins Chili-Hühnchen, dann, wenn es einem nach der Explosion die Augen in den Hinterkopf dreht, das ist der Moment, wenn nach unendlichen Sekunden höllischen Juckens der Fingernagel endlich kratzen darf.

Wörter sind das, die ich im täglichen Gespräch ständig benutze und unter mein Deutsch mische. Ich wundere mich dann immer wieder für einen Augenblick aufs Neue, wenn mein des Chinesischen nicht mächtiges Gegenüber mich hilflos anschaut, vor allem aber wundere ich mich, wie ein Mensch ohne diese Begriffe durchs Leben gehen kann.

Literatur

Kai Vogelsang: *Geschichte Chinas.* Reclam 2012.
Das beste auf Deutsch erhältliche Geschichtswerk zu China. Überspannt die Jahrtausende.

Ian Johnson: *The Souls of China. The Return of Religion After Mao.* Penguin Random House 2017.
Pulitzer-Preisträger Ian Johnson beschreibt die Rückkehr der Religion in eine Nation, die an spiritueller Leere krankt.

Die Reise nach Westen. Reclam 2016.
Der vielleicht bekannteste chinesische Klassiker, neu erschienen in der preisgekrönten und großartigen Übersetzung von Eva Lüdi Kong.

Liu Cixin: *Die Drei Sonnen.* Heyne 2017.
… und die anderen beiden Bände der Trisolaris-Trilogie, ebenfalls erschienen bei Heyne. Liu Cixin hat chinesische Science-Fiction-Literatur eigenhändig auf die Weltbühne gebracht. Fesselnd, originell und nicht unpolitisch.

Yu Hua: *China in zehn Wörtern.* S. Fischer Verlag 2010.
Einer der interessantesten Gegenwartsautoren Chinas nähert sich seinem eigenen Land über Begriffe wie »Lesen«, »Schreiben«, »Volk« und »Führer«. Spannend, erhellend und in China verboten.

Quellen zum Thema Xinjiang/Uiguren

https://www.icij.org/investigations/china-cables/read-the-china-cables-documents/

Adrian Zenz, »Wash Brains, Cleanse Hearts«: Evidence from Chinese Government Documents about the Nature and Extent of Xinjiang's Extrajudicial Internment Campaign
Journal of Political Risk, Vol. 7, No. 11, November 2019
(http://www.jpolrisk.com/wash-brains-cleanse-hearts/)